DIEGO BARRETO
VICE-PRESIDENTE DE FINANÇAS E ESTRATÉGIA DO IFOOD

NOVA ECONOMIA

ENTENDA POR QUE O PERFIL EMPREENDEDOR ESTÁ ENGOLINDO O EMPRESÁRIO TRADICIONAL BRASILEIRO

Diretora
Rosely Boschini

Gerente Editorial
Rosângela Barbosa

Assistente Editorial
Giulia Molina

Produção Gráfica
Fábio Esteves

Preparação
Amanda Oliveira

Capa
Rafael Nicolaevsky

Projeto Gráfico e Diagramação
Vanessa Lima

Revisão
Fernanda Guerriero Antunes e
Juliana Rodrigues | Algo Novo Editorial

Impressão
Edições Loyola

Copyright © 2021 by Diego Barreto
Todos os direitos desta edição
são reservados à Editora Gente.
Rua Natingui, 379 – Vila Madalena
São Paulo, SP – CEP 05443-000
Telefone: (11) 3670-2500
Site: www.editoragente.com.br
E-mail: gente@editoragente.com.br

Dados Internacionais de Catalogação na Publicação (CIP)
Angélica Ilacqua CRB-8/7057

Barreto, Diego
 Nova economia : entenda por que o perfil empreendedor está engolindo o empresário tradicional brasileiro / Diego Barreto. – 1ª ed. – São Paulo: Editora Gente, 2021.
 224 p.

 ISBN 978-65-5544-103-1

 1. Negócios 2. Economia 3. Empreendedorismo 4. Administração de empresas I. Título

21-1002   CDD 650.1

Índice para catálogo sistemático:
1. Negócios

NOTA DA PUBLISHER

É inegável que o mundo está passando por uma onda de mudanças profundas: tecnologias inovadoras transformam as rotinas em geral e facilitam nossas interações pessoais; o conhecimento se torna cada dia mais acessível e a sociedade aos poucos se transforma ao absorver os impactos da globalização e da conscientização mundial sobre o que cabe ou não nessa nova realidade que está surgindo. Estamos a uma inovação de distância de todo o nosso conhecimento se tornar obsoleto. O velho e o novo entram em conflito, levando-nos à beira de um mundo completamente desconhecido, no qual a fórmula já conhecida e testada está sendo engolida por novas práticas e pela inovação.

Nesse cenário tão dinâmico e turbulento, não há alguém melhor que Diego Barreto para nos explicar as nuances desse conflito e nos guiar por esse novo caminho que surge à nossa frente. Uma pessoa que impressiona por seu jeito direto, coerente e sem medo de desbravar o desconhecido, Diego tem atuação importante e de destaque entre as empresas da Nova Economia e, neste livro que você tem em mãos, caro leitor, ele traz uma provocação importante e necessária: o que queremos levar conosco nessa nova realidade que estamos criando? Além disso, apresenta caminhos possíveis para reinventar e readequar seu negócio para esse futuro que bate à nossa porta todos os dias.

Cá entre nós, tenho certeza de que você, assim como eu, não será o mesmo depois de ler este livro. Bem-vindo à **Nova Economia**!

ROSELY BOSCHINI – CEO e publisher da Editora Gente

DEDICATÓRIA

Meu caminho em direção à Nova Economia não foi isento das dificuldades que marcam a troca de uma vida segura pelas incertezas do futuro. Superar o grande custo pessoal desse processo só foi possível porque eu tinha Carol ao meu lado. É ela que me inspira e me ensina. Foi ela que entendeu meus sonhos, pegou em minha mão e caminhou comigo até aqui. E é com ela que essa nova jornada ganha um significado maior.

AGRADECIMENTOS

Quando olho para trás, consigo enxergar de maneira muito clara as influências que tive para compreender a Nova Economia. Evidentemente, no passado eu não tinha essa consciência.

Meu pai, Reginaldo, meu tio, Nivaldo, e meus avôs, Onofre e Darwin, foram empreendedores. Eles me ensinaram o custo de empreender neste país, sem nunca perder o sorriso no rosto. Os vi na beira do precipício, mas sempre construindo as pontes necessárias para atravessá-lo. Ainda criança, vivi dentro de suas empresas, embora aquilo sempre soasse como uma aventura.

Durval, Guilherme (Eré), Fabiano, Fernando e dois Tiagos, meus amigos de infância em Uberaba que carrego pela vida. Dos seis, cinco são empreendedores. Eu também os vi com ideias, criando, sofrendo, constituindo família e passando a viver integralmente de um sonho. São as pessoas com quem mais debato de maneira madura; logo, as que mais me ensinam no dia a dia.

Mudar para São Paulo foi um caminho natural no Brasil de vinte anos atrás. Um jovem que sonhava grande era empurrado para a capital. Aqui, tive minha primeira importante referência profissional: José Eduardo Carneiro Queiroz, sócio do Mattos Filho Advogados. Foi uma inspiração quanto ao comportamento, ao pensamento sofisticado e à régua alta. Zé, como era carinhosamente chamado, acabou se tornando um ponto de apoio durante toda a minha carreira, mesmo depois de eu ter saído do Mattos Filho. Perdemos o Zé em 2020, então dedico esta lembrança à Helena e a seus filhos.

A mudança do Direito para finanças só foi possível por causa de uma pessoa: Roberto Amatuzzi, então CFO da Lopes Imobiliária. Amatuzzi, um dos grandes executivos do Brasil à época, me colocou em um caminho mais amplo.

NOVA ECONOMIA

Propôs e apoiou minha mudança de carreira para finanças. Trouxe a referência do MBA fora do Brasil e da tecnologia. Amatuzzi fez MBA em Wharton quando só meia dúzia de brasileiros conseguia essa oportunidade. Ele também foi cofundador do Planetaimovel (hoje, o ZAP Imóveis), um dos primeiros cases de sucesso da internet brasileira.

Na mudança para a Suíça, tive a minha frente as duas maiores influências acadêmicas da minha vida, Carlos Braga e Ralf Boscheck. Carlos é brasileiro e foi executivo sênior do Banco Mundial, tendo conquistado títulos acadêmicos nas instituições mais consagradas do planeta. Um dos maiores especialistas do mundo nas áreas de economia internacional, globalização e organismos internacionais. Como meu professor do IMD e após o MBA, fez com que eu compreendesse muito sobre a base da Nova Economia: a globalização. Ralf, alemão, foi professor do IMD e de Harvard. Em suas aulas, tive o estalo para entender que a Nova Economia chegaria ao Brasil com força e, portanto, eu deveria tratá-la como o meu futuro. Ralf é minha referência de exigência quando defino os fundamentos de um pensamento.

Após o IMD, de volta ao Brasil com a cabeça na Nova Economia, mas ainda tentando entendê-la, surgiu a ideia de mentorar startups para conhecer melhor esse bicho. Guilherme Massa, Rogerio Tamassia e Daniel Grossi, da Liga Ventures, abriram portas para que eu pudesse fazer isso, quando, na verdade, eu é que seria mentorado. Agradeço às centenas de empreendedores que tive a oportunidade de acompanhar em diversos países. Vocês foram meus mentores.

Chega, então, o tão sonhado dia de entrar na Nova Economia. Essa oportunidade foi aberta pelo executivo e sócio da Movile na época, Petras Veiga, que se tornou minha referência de como pensar, de como me comportar e de como me tornar antifrágil. Com o Petras vivi os dias mais difíceis de um empreendedor (como me sinto hoje) e aprendi lições que levo desde então.

Vivendo a Nova Economia, eu tenho a companhia de Fabrício Bloisi, fundador da Movile. Estar nessa jornada com a única pessoa no Brasil à frente de dois unicórnios e dezenas de startups de sucesso é um privilégio. Fabrício é um fiel filho da Nova Economia (talvez o pai dela no Brasil) e não admite o

AGRADECIMENTOS

comportamento da Velha. Seu nome estará na história dos empreendedores que mudaram o destino do país.

No caminho da Nova Economia, convivi com muitas pessoas que fizeram a transição e sofreram comigo. Gustavo Machado, meu cunhado, que deixou o mundo confortável das grandes organizações e foi empreender. Nos apoiamos muito um no outro. Marco Affonseca, amigo mais provocador de toda a vida, que foi buscar o empreendedorismo pelo mundo. Marco está longe, mas o sinto por perto.

Este livro vem cheio de uma carga importante que sai do pensamento técnico e vai para o campo dos sentimentos. Durante essa jornada, entendi o privilégio que tenho. Entendi o que nossa sociedade faz com mulheres e outros grupos minorizados. Caminhei com pessoas que me obrigaram a raciocinar e mudar minha percepção. Handemba Mutana, minha grande referência de discussões raciais. Carol, minha esposa, inspiração para lutar por um mundo justo para as mulheres e companheira na educação do Fefê, da Oli e do Pedro como cidadãos de um mundo melhor.

Na jornada do livro, tive comigo três pessoas que serviram como base para pesquisa, reflexão e construção. Denise Gianoglio, Silvana Cintra e Almir de Freitas foram companheiros nesse caminho especial.

Agradeço, por fim, às demais pessoas que são meu porto seguro: minha mãe, Ana Maria, minhas irmãs, Karina e Mariana, meu cunhado, Rafael, e minha amiga Dani.

SUMÁRIO

PREFÁCIO — 12
APRESENTAÇÃO — 20
INTRODUÇÃO — 26
  A NOVA ECONOMIA BRASILEIRA — 26
    A Era da Inovação — 28
    Contextualizando o passado — 29
    Mudança de poder — 31
    Novos ventos — 33

BLOCO 1
NOVO BRASIL: O PODER DA IDEIA, DA TECNOLOGIA, DA AGILIDADE E DA ESCALA — 38
  GLOBALIZAÇÃO E ECONOMIA EM REDE — 40
    Da globalização para a *e-globalização* — 43
    O nascimento da Nova Economia — 46
  FIM DOS PODERES TRADICIONAIS — 52
    Marcas do atraso — 55
  ASCENSÃO DE NOVOS PODERES — 62
    A voz da sociedade em rede — 65
    Conflito criativo — 70
  ANTIFRÁGIL: MERITOCRACIA DE IDEIAS E TRANSPARÊNCIA — 74
    Mundo pós-meritocrático — 78
    Liderança pela transparência — 86
  AS EMPRESAS DA NOVA ECONOMIA — 90
    Hora de levantar âncoras — 91
    Startups e unicórnios — 94

BLOCO 2
SINAIS DE NOVOS TEMPOS — 100
   A ASCENSÃO DO EMPREENDEDOR E
   O DECLÍNIO DO EMPRESÁRIO TRADICIONAL — 102
      Sementes de mudanças — 111
   UM NOVO ECOSSISTEMA — 114
      Diversificação dos investimentos no Brasil — 116
      Digitalização da economia brasileira — 119
      Ecossistema mais abrangente — 123
   NOVOS MODELOS DE NEGÓCIO — 134
      Barreiras de entrada × vantagem competitiva — 136
      Modelos de negócio digital — 140
      O valor da inovação no negócio — 144
   CAPITALISMO CONSCIENTE — 150
      Desafios não são pequenos — 153
      Efeito dominó — 155
   DIVERSIDADE E INCLUSÃO — 160
      Ascensão de brasileiros segregados — 161
      Empresas engatinhando — 164

BLOCO 3
A TRANSIÇÃO PARA A NOVA ECONOMIA — 168
   EMPRESAS RIVAIS DA VELHA ECONOMIA — 170
      Soluções que derrubam barreiras — 174
   O DESTINO DAS EMPRESAS TRADICIONAIS SÁBIAS — 180
      Tecnologia proprietária é a chave — 185
   PLANO DE CARREIRA NÃO FORMA LÍDERES ANTIFRÁGEIS — 190
      Olhar empático — 192
      Como montar o time — 193
      Cultura de dono — 195
      A força da pluralidade — 197

CONCLUSÃO — 200
POSFÁCIO — 206
NOTAS — 210
INDICAÇÕES DE LEITURA — 221

PREFÁCIO

A ÚNICA CERTEZA É A MUDANÇA

*A maioria das pessoas superestima
o que elas podem fazer em um ano
e subestima o que podem fazer em dez anos.*

Bill Gates

Muitas pessoas veem a transformação que a internet e os telefones celulares inteligentes estão causando e têm a impressão de que vivemos em época de mudanças como nunca antes. Não deixa de ser verdade. Em parte. A única certeza que existe para a nossa civilização é a mudança.

Muita mudança. Sempre. E essas mudanças provocam a destruição das empresas existentes e a criação de novas empresas, com países emergindo como líderes e trazendo melhores condições para sua população. E isso não é de agora, com a internet e com os telefones celulares. Enormes mudanças vêm acontecendo ao longo dos últimos quinhentos anos, em grandes ciclos tecnológicos que mudaram completamente o mundo, suas empresas e suas pessoas.

NOVA ECONOMIA

ONDAS DE MUDANÇAS TECNOLÓGICAS	TECNOLOGIAS DE TRANSPORTE, COMUNICAÇÃO, ENERGIA	PAÍSES MAIS BENEFICIADOS
1ª e 2ª Revolução Industrial (1780-1880)	Canais, estrada de ferro, telégrafo, roda-d'água e energia a vapor	Europa
Idade da Eletricidade (1880-1930)	Eletricidade, ferrovia (aço) e telefone	Europa
Idade da Produção em Massa (1930-1980)	Petróleo, rodovias e rádio	Estados Unidos
Idade da Microeletrônica (1980-2000)	Gás e redes de celular	Estados Unidos e Sudeste Asiático
Idade da Internet (2000-)	Smartphones, 5G, inteligência artificial, plataformas de internet	Estados Unidos e China

Mais que isso, nos anos 1950 o economista Joseph Schumpeter popularizou o termo "destruição criativa", referindo-se ao empreendedor que cria novos produtos e novos mercados, e, por meio da inovação, destrói as empresas vencedoras do ciclo anterior. Ele também preconizou que esses ciclos de inovação ficariam cada vez mais curtos, fazendo as empresas vencedoras perder o seu posto para novas empresas criativas cada vez mais rapidamente.

Se tudo isso parece muito distante, basta lembrar as empresas que há vinte anos eram ícones, mas hoje são lembranças longínquas daquilo que foram um dia. A Nokia (líder absoluta de smartphones, valendo 200 bilhões de dólares), hoje, vale dez vezes menos e cedeu a liderança para Apple, Samsung e Huawei. Ou a Kodak, líder absoluta em fotografia, que perdeu toda a relevância na transição para fotografia digital com os smartphones. O destino da Blockbuster é ainda pior: de mais importante empresa de aluguel de filmes, ela passou a não mais existir, perdendo sua posição para a Netflix durante a transição para os filmes via *streaming*. Existem muitos exemplos como esses em diversos mercados. E isso não é de hoje, com a internet. Novas tecnologias e novas formas de operar empresas em ciclos cada vez mais curtos destronam os líderes e criam oportunidade para novas empresas crescer, com novos, melhores e mais baratos produtos que chegam a muito mais pessoas.

A ÚNICA CERTEZA É A MUDANÇA

Essas mudanças, tecnologias e inovações foram responsáveis por aumentar o padrão de vida no mundo. Apesar de vivermos de manchetes de desastres e problemas, que incentivam a polarização, quando olhamos através de uma lente mais ampla ao longo dos últimos quinhentos anos, é perceptível como a inovação tecnológica reduziu a extrema pobreza, o analfabetismo, a morte de recém-nascidos, além de ter prolongado o tempo de vida em todo o mundo.[2] Podemos ver uma enorme melhoria para todos, e esse é o benefício da inovação. Temos muito a fazer ainda, sobretudo reduzir desigualdades, aumentar a inclusão, cuidar do meio ambiente, mas as inovações que citamos tiveram grande contribuição para a melhoria da civilização.

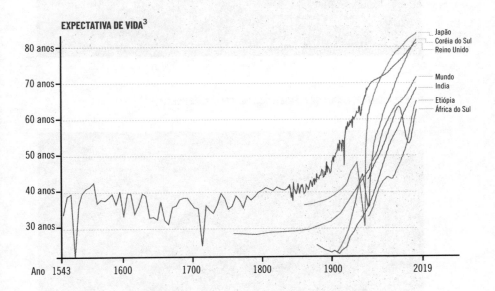

NOVA ECONOMIA

MORTALIDADE INFANTIL MUNDIAL[4]
Porcentagem da população mundial que morre e que sobrevive aos primeiros 5 anos de vida.

TAXA DE ANALFABETISMO E DE ALFABETIZAÇÃO DA POPULAÇÃO MUNDIAL[5]
A partir de 15 anos.

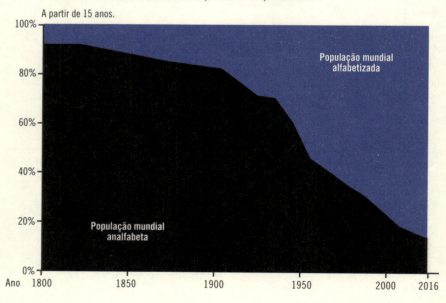

A ÚNICA CERTEZA É A MUDANÇA

Acredito que cabe a nós, com o auxílio das ferramentas novas da internet e dos telefones inteligentes, continuar contribuindo para o progresso de nosso país, melhorando a educação e proporcionando igualdade de oportunidades para todos.

No centro das transformações dos próximos dez anos, estarão as empresas da Nova Economia. Temos a oportunidade de usar essa revolução a nosso favor – tomemos como exemplos a Inglaterra (durante a Revolução Industrial) e os Estados Unidos (que usaram a revolução da tecnologia da informação) para de fato criar mais riquezas e menos desigualdade para seu povo.

Eu acredito que as próximas grandes empresas de tecnologia, empresas de 100 bilhões de dólares, não vão mais nascer na Califórnia. O mundo de hoje permite que elas estejam na China, na Europa, mas também aqui, no Brasil.

Cabe a nós, brasileiros, pensar grande, acreditar que é possível estar entre os vencedores da Nova Economia, buscar empresas realmente inovadoras e que sejam líderes globais. O benefício dessas empresas é tremendo – não só para seus sócios, mas para a sociedade. Empresas inovadoras trazem muitos empregos, pagam impostos e criam produtos que tornam a vida de todos melhor. Dinamizam a economia e criam um ciclo positivo em torno dela, como é possível ver no Vale do Silício, na Califórnia. Precisamos que os próximos líderes estejam aqui, para nos beneficiarmos da destruição criativa como nação.

Nós temos um mercado incrível, acesso a conhecimento como nunca, pessoas tão competentes quanto as que conheci nas minhas viagens para o Vale do Silício e para a China. Contudo, ainda nos falta a ousadia de pensar grande e acreditar que a mudança e o novo trazem oportunidade de mudarmos e beneficiarmos toda a sociedade.

Por isso, acredito que este livro deve ser lido por todos, sejam estudantes, profissionais de empresas tradicionais ou profissionais de empresas do mundo da Nova Economia. O que é abordado aqui ajuda a amadurecer a ideia de como as empresas brasileiras vão se beneficiar da destruição criativa em curso. Ajuda o país a trocar o foco (deixar de fazer as coisas como sempre foram feitas por aqui) para abraçar a mentalidade das empresas que serão vencedoras no próximo ciclo de transformações.

NOVA ECONOMIA

Os termos da disrupção atual incluem uma mentalidade de inovação, de empresas *lean**, de organizações com pouca hierarquia e com decisões rápidas e descentralizadas. Incluem olhar tecnologia, inovação e dados como parte central de qualquer negócio. Incluem colocar as pessoas em primeiro lugar: escutar, ouvir, aprender e estar aberto a ajustar os planos sempre. Incluem ter uma posição protagonista em reduzir desigualdades sociais e aumentar a diversidade. Incluem abrir a cabeça para novos modelos de gestão e entender os canais digitais como o centro das empresas modernas.

A única certeza é a mudança. Cabe a cada um de nós estudar para estar do lado que cria valor e oportunidades a partir dela. Espero que você concorde e ganhe ferramentas para isso na leitura deste livro.

FABRÍCIO BLOISI
É fundador da Movile, de cujo conselho atualmente faz parte, e presidente executivo do iFood. Formado em Ciência da Computação pela Unicamp, com mestrado pela Fundação Getulio Vargas e extensão pela Stanford Graduate School of Business e pela Harvard Business School.

---

* O conceito *lean startup* foi criado por Eric Ries, empreendedor do Vale do Silício, e se aplica ao conjunto de processos utilizados a partir da criação de protótipos, os quais são projetados para validar hipóteses por meio do feedback de consumidores, o que acelera a curva de maturidade de um produto perante o mercado. O *lean startup* visa reduzir o desperdício de recursos (tempo, dinheiro etc.), enquanto melhora a percepção dos consumidores quanto ao produto ou serviço.

CABE A NÓS, BRASILEIROS, PENSAR GRANDE, ACREDITAR QUE É POSSÍVEL ESTARMOS ENTRE OS VENCEDORES DA NOVA ECONOMIA.

APRESENTAÇÃO

Este livro é sobre um Brasil que poucos conhecem. Um Brasil repleto de oportunidades, feito para milhões de pessoas que não pertencem, necessariamente, às tradicionais famílias milionárias; não têm relações com políticos, mas querem – e podem – ter sucesso. Não é uma utopia. O país que descrevo nas próximas páginas existe e oferece oportunidade de crescimento para qualquer um que tenha coragem, energia e vontade de fazer algo diferente. Eu fiz o movimento de transição entre o velho Brasil e este novo mundo.

Ocupei cargos executivos em grandes corporações e abandonei o emprego linear, o plano de carreira e o modelo de gestão burocrático para ingressar em uma economia na qual o que vale é a capacidade de gerar boas ideias e executá-las. Estudei, trabalhei, dei aulas e aprendi tanto nessa jornada, que decidi registrar o racional econômico e alguns conceitos de gestão testados diariamente para incentivar pessoas como eu, inconformadas com a perpetuação de sistemas lentos e excessivamente hierárquicos que resultam em um país desigual, a buscar soluções de desenvolvimento mais diversos, inclusivos e sustentáveis.

Cresci dentro de uma empresa. Na década de 1980, meu pai deixou o emprego corporativo para montar uma transportadora em Uberaba, cidade onde nasci, no interior de Minas Gerais. Eu o acompanhei em cada momento, presenciei tempos de euforia e fases em que quase quebrou. Senti de perto o que o Brasil faz com o empreendedor: esmaga e tenta matá-lo. E, embora meu pai fosse corajoso em apostar no negócio próprio, queria para o filho e as filhas um futuro seguro, razão pela qual acabei me mudando para São Paulo com o propósito de cursar Direito. Segui a trilha tradicional – fiz estágio no escritório de advocacia Mattos Filho, integrei o time financeiro da Lopes Consultoria de Imóveis, passei pela

APRESENTAÇÃO

AES Brasil – e não levou muito tempo para que eu conquistasse a carreira dos sonhos de muita gente. Aos 27 anos, assumi a diretoria financeira da Construtora OAS, empresa que faturava 10 bilhões de reais por ano e tinha operações em mais de vinte países, além de dar aulas na Fundação Getulio Vargas (FGV) e na Fundação Instituto de Administração (FIA). Além de já ter escrito meu primeiro livro – *Direito, gestão e prática: finanças aplicadas ao direito*.

Estávamos em 2014, o Brasil vinha de anos fortes, com PIB em crescimento, e estava no momento perfeito para alcançar um novo patamar. Fui para a Suíça em busca do mestrado e do diploma de MBA no IMD Business School. Ali foi meu verdadeiro *turning point*. Primeiro, por descobrir o valor da diversidade. Dividir aulas com noventa pessoas de 42 nacionalidades me mostrou quanto se aprende com as diferenças. Também conheci o que é liderança – no Brasil, conceito muito confundido com gestão. Pude errar muito e perceber a importância de testar inúmeras vezes até encontrar a melhor solução. Aprendi a errar melhor.

Em certo momento, recebi um recado que bateu fundo: em uma aula de Economia, um dos professores me provocou alegando que seria impossível o Brasil dar certo porque era um país extremamente dependente de muito capital e contato político para empreender, e com muitas barreiras de entrada, ou seja, os PIBs pujantes daqueles anos eram artificiais sob uma ótica de médio e longo prazo. Depois de muitos livros, discussões e noites adentro estudando, cheguei à conclusão de que ele estava certo. **A partir daquele momento, comecei a procurar outros caminhos e conheci a Nova Economia, negócios possíveis graças à globalização e à conectividade em massa, desenvolvidos em ambientes transparentes e com meritocracia* de ideias, que permitem às novas gerações fazer tudo diferente, em cadeias integradas pela tecnologia proprietária**.**

Com o fim do curso, voltei a sentar na cadeira de diretor da OAS, mas com a cabeça em outro mundo. Paralelamente, passei a mentorar dezenas de startups

---

* O termo "meritocracia" aqui empregado leva em consideração que pessoas e grupos partem de pontos diferentes, com distintos níveis de privilégio. O conceito vive uma releitura na sociedade moderna, e sua melhor compreensão será discutida ao longo deste livro.

** Tecnologia proprietária é o resultado dos esforços de uma empresa em inovar e desenvolver internamente soluções com mais rapidez e eficiência. O termo será abordado com maior profundidade nos próximos capítulos.

NOVA ECONOMIA

para entender melhor o comportamento de empreendedores e o tipo de gestão que poderia alavancar as empresas no futuro. Startups são empresas que estruturam modelos de negócio em condições de incerteza, mas com possibilidade de alta escala. Pouco tempo depois, aceitei o cargo de diretor financeiro da Suzano.

Foram mais de dez anos na Velha Economia até mudar realmente o *mindset*. O convite veio da Movile, companhia de tecnologia que investe em vários negócios digitais. Logo de cara, um grande teste: trocar o cargo de direção na Suzano por uma remuneração 60% menor no novo trabalho, quando tinha ainda outras três oportunidades que se apresentavam como a da Suzano. Aceitar a redução financeira significava demonstrar que eu realmente acreditava no modelo, que estava pronto para apostar no sucesso baseado em pessoas. E eu estava. Sabia que era o movimento correto para minha carreira. **Hoje, vejo que este é o verdadeiro DNA da Nova Economia: o empreendedor não busca o ganho imediato, ele se preocupa em construir cadeias de valor alinhadas e incentivadas para que o retorno venha do altíssimo engajamento de clientes, o que se torna uma vantagem competitiva.**

Na Movile, passei os dois primeiros anos na unidade de negócios que operava as principais plataformas on-line de venda de ingressos de shows, peças de teatros, concertos, entre outros eventos. Os seis primeiros meses foram dolorosos. Eu estava preso a antigos comportamentos adquiridos em corporações com bilhões de reais em caixa, condição que me tornava capaz de acessar quase qualquer pessoa no mundo dos negócios com uma simples ligação telefônica. Ao trocar de empresa, precisei resolver uma questão com um grande banco e mandei e-mail para três de seus diretores executivos, mas nunca obtive resposta. Nas companhias tradicionais, é o tamanho da cadeira que abre portas, e você só descobre isso quando não está mais sentado nela. Levei algum tempo até aprender a me posicionar no novo formato de trabalho. Para piorar, não conseguimos fazer o negócio decolar rapidamente. **Mais uma das premissas da Nova Economia que veremos neste livro: os erros nem sempre são ruins, a forma como você lida com eles é que define seu sucesso ou fracasso.** Naquele momento, eu tinha a chance de correr dali e voltar para corporações tradicionais, mas decidi ficar e até investir meu próprio dinheiro

APRESENTAÇÃO

na empresa. A aposta deu certo. Viramos o jogo e depois disso comecei uma nova história no iFood, outra empresa do Grupo Movile.

Alimentar o futuro do mundo é o propósito do iFood. Meu principal desafio como vice-presidente de finanças e estratégia da empresa é liderar um negócio altamente baseado em tecnologia proprietária, inteligência artificial e um modelo de gestão moderno, pouco utilizado no mercado brasileiro. Nossa forma de operar ainda é incompreensível para a maioria das empresas, o que implica algumas dificuldades. A velocidade que imprimimos ao crescimento e ao uso de tecnologia proprietária assusta. São características que nos definem e ainda precisam ser assimiladas no país.

O desafio é grande, mas o trabalho no iFood não me impede de acompanhar o desenvolvimento de startups em diferentes países, várias delas candidatas a próximo unicórnio, ou seja, a entrar para o grupo das que valem pelo menos 1 bilhão de dólares*. Atuo como mentor gratuitamente na Endeavor, na 500 Startups e na Liga Ventures, entre outras entidades – porque é assim que aprendo cada vez mais. Faço dezenas de palestras para escolas e universidades, todas voluntárias. Integro o conselho do Poder do Voto – organização que usa a tecnologia para criar um vínculo maior entre eleitores e seus deputados e senadores. Sou membro de conselhos de empresas da Velha Economia que tentam fazer a transição para a Nova Economia e professor em instituições como a Be Academy e a Link School of Business (LSB). Sempre procurei me aproximar da academia, desde a época em que lecionava na FGV, na FIA e na Casa do Saber, porque acredito na importância de aprender com pessoas, bem como formá-las. E todos esses trabalhos paralelos têm um propósito: servem para devolver ao ecossistema aquilo que ele oferece. O executivo da Nova Economia sabe da importância de movimentar a cadeia replicando negócios e lições.

Este livro é fruto de uma carreira executiva com a realização de negócios em quase trinta países, o que me permitiu enxergar diferentes economias, comportamentos, estratégias, decisões e suas consequências. O mestrado no IMD e os quase dez anos dando aulas ensinaram-me a importância da curiosidade,

---

* Aileen Lee, fundadora da Cowboy Ventures, foi quem, em 2013, cunhou o termo "unicórnio" para referir-se a essas empresas.

NOVA ECONOMIA

o valor da pesquisa e do rigor acadêmico. A entrada na Nova Economia por meio da mentoria de centenas de startups em diferentes países, bem como a jornada na Movile e no iFood, permitiram-me descer do palco e viver o que a cabeça imaginava e conceituava; os mais de dez anos na Velha Economia serviram (e a presença em conselhos de empresas tradicionais ainda servem) como a contraprova. Por fim, levei mais de um ano pesquisando e escrevendo este livro com uma equipe de três pessoas extremamente capacitadas para apurar os conceitos e se engajar em debates.

   O objetivo é simples: **quanto maior o número de brasileiros que obtêm sucesso a partir da Nova Economia, melhor para todo o ecossistema, melhor para o desenvolvimento do nosso país**. Nas próximas páginas, conto como isso é possível.

DIEGO BARRETO

PUDE ERRAR MUITO
E PERCEBER A
IMPORTÂNCIA DE
TESTAR INÚMERAS VEZES
ATÉ ENCONTRAR A
MELHOR SOLUÇÃO.
APRENDI A **ERRAR MELHOR.**

INTRODUÇÃO

A NOVA ECONOMIA BRASILEIRA

A maioria dos livros é escrita relatando fatos do passado. Este livro narra algo em movimento.

As primeiras ideias sobre a emergência da Nova Economia remontam à década de 1980, quando já se desenhava a sociedade global e conectada em que vivemos hoje. Em um movimento que combinaria a evolução tecnológica com a revolução comportamental e cultural, velhas estruturas começaram a ceder, e o mundo dos negócios teve um papel decisivo nessa história. O enfraquecimento de valores e práticas antigas não significou apenas uma "mudança de tendência", mas também refletiu a transformação operada em todos os aspectos da nossa vida. No Brasil, só começou a ganhar força mais tardiamente, já no século XXI, em um embate contra nossas estruturas mais arcaicas. Aos trancos e barrancos, fomos nos inserindo no cenário mundial, tendo acesso a recursos tecnológicos, conhecimento, capital humano, integração logística, financeira e de telecomunicações.

Hoje, já vivemos imersos no *big data**, uma realidade em que algumas avaliações, decisões e previsões feitas por humanos começam a ser realizadas por

---

* *Big data* são informações (ativos) caracterizadas pelo alto volume, velocidade e variedade que requerem de tecnologias e métodos analíticos específicos para a transformação da informação em valor. Essa definição foi cunhada por Andrea de Mauro, Marco Greco e Michele Grimaldi no trabalho *What is Big Data: A Consensual Definition and a Review of Key Research Topics* em 2014.

algoritmos. Esse é o horizonte vislumbrado por este livro. Quase duas décadas atrás, Jeff Bezos, fundador e CEO da Amazon, disse aos colaboradores da companhia que a Amazon não era uma varejista, mas sim uma empresa de software:

> Nosso negócio não é o que está nas caixas marrons. É o software que envia as caixas marrons para os clientes. Nossa capacidade de vencer é baseada em nossa capacidade de organizar partículas magnéticas em discos rígidos melhor do que nossos concorrentes.[1]

==É a realidade inescapável do futuro, em que a massificação do acesso à tecnologia impulsiona o crescimento e gera valor por meio da produtividade – caminho realmente capaz de tornar um país mais competitivo, com queda de preços e aumento de salários e empregos.==

Assustados com a proximidade de uma transformação tão reveladora, alguns poderão recorrer ao argumento de que milhões de empregos desaparecerão por causa da Nova Economia, afinal, o avanço da tecnologia deverá suprimir o uso da mão de obra. Entretanto, o efeito do progresso sobre a condição de vida da humanidade, na verdade, construiu uma jornada positiva para a sociedade. Veja nos gráficos a seguir:[2]

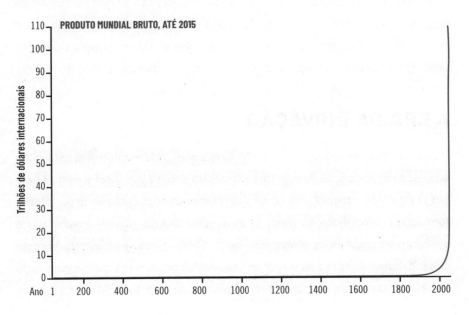

NOVA ECONOMIA

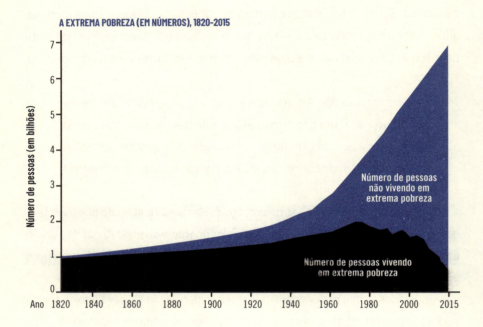

O crescimento do PIB global exponencia-se após a revolução industrial, gerando riqueza como nunca antes vista pela sociedade, e é inegável que as revoluções tecnológicas têm gerado uma riqueza sem precedentes, deslocando, ao longo do tempo, a população para acima da linha da pobreza. Por isso não devemos esquecer que a miséria de outros tempos era extremamente maior do que a atual – muito em decorrência da evolução da ciência. Olhar pequenos períodos de tempo é uma simplificação errônea para compreender a evolução do mundo.

A ERA DA INOVAÇÃO

O conceito geral a que chego sobre a Nova Economia diz respeito à substituição da lógica de fabricação manufatureira por outra, que é o fornecimento de produtos e serviços associados ao desenvolvimento de tecnologia proprietária, formado por empresas com modelos de negócio digitais – aquele em que existe uma convergência de múltiplas inovações tecnológicas, potencializadas pela conectividade. É representado por empresas dinâmicas, que estão na vanguarda da gestão e começam a despontar como vértices de produtividade e crescimento.

Começa a sair de cena a economia estática, fortemente dependente de recursos naturais e *commodities*, para alçar voo uma economia ligada à contínua inovação, sustentada por modelos de gestão ágeis, menos hierárquicos, com times diversos e compromisso com a sustentabilidade. Não são poucas as consequências desse movimento. As empresas da Nova Economia quebram a lógica da necessidade de relação com o Estado, da dependência de subsídios e medidas protecionistas; acreditam na transparência e no valor de uma boa ideia em vez de se agarrar à propriedade e ao *statu quo*. É uma era de novos empreendedores, enterrando a tendência ao imobilismo de quem vivia de facilidades.

As interações tecnológicas, econômicas e sociais trazidas por essas transformações geram choques e, consequentemente, fricções na sociedade. Ou seja, novas fases da economia encontram resistência nas pessoas e nas instituições estabelecidas. A percepção da chegada de uma onda de mudança provoca caos e contraditórios efeitos sociais em um primeiro momento, mas, em seguida, ajusta os pesos e gera resultados positivos por meio da regulação, da educação, de comportamentos sociais e de ideias.[3]

CONTEXTUALIZANDO O PASSADO

Nos seus primórdios, a Velha Economia está ligada a uma expressão consagrada na história da industrialização americana, o "barão ladrão" (*robber baron*).[4] Ela identificava os empreendedores da passagem do século XIX ao XX que fizeram muito dinheiro com práticas consideradas antiéticas e inescrupulosas, o que resultou em uma economia monopolista ou oligopolista, desmontada anos depois. Seria errôneo transplantar a expressão para se referir ao empresariado brasileiro (embora não nos tenham faltado barões disso e daquilo), mas existem atributos comuns óbvios – e, nas páginas que se seguem, falarei deles. Em termos de privilégios, usarei nosso próprio termo – "campeões nacionais"*.

---

* Historicamente, o termo "campeões nacionais", o qual será explicado no Capítulo 2, não foi cunhado para falar especificamente das empresas da Velha Economia, mas para conceituar as que receberam subsídios do Estado brasileiro durante um período específico do país. Neste livro, usaremos a expressão "campeões nacionais" como sinônimo de empresas que se beneficiaram da histórica estrutura social, política e econômica que fez do Brasil o país para poucos e grandes empresários.

NOVA ECONOMIA

A principal característica dessas empresas é a condição oligopolista (ou quase) que lhes assegura o domínio de mercado e, por consequência, a possibilidade de aumentar preços e prestar serviços e atendimento ruins, mas mesmo assim auferir lucros acima da sua capacidade competitiva. Não é outra a história da desigualdade e da concentração de riqueza no Brasil, garantida desde os primórdios da colonização. Aos amigos do rei, enormes concessões de terra, licenças especiais, subsídios, incentivos fiscais generosos e garantia de barreiras alfandegárias.

Como consequência, na Velha Economia as empresas têm baixo incentivo para inovar. Um exemplo interessante é o da Gillette,[5] conhecida por seus aparelhos de barbear. No começo do século XX, existiam vários modelos de aparelhos de barbear, mas King Camp Gillette inventou a versão barata com a lâmina fina e descartável de aço estampado, o que estimulou um modelo de negócios em que as navalhas são vendidas a baixo custo para aumentar o mercado de lâminas.

No início, a Gillette patenteava suas inovações para proteger seus investimentos. Entretanto, depois de um século seguindo essa receita, a empresa não lançava mais inovações importantes, apenas incrementais, usando novas patentes para proteger quaisquer pequenas mudanças que introduzisse no mercado. Justificar patentes para inovações incrementais de produtos ou processos populares com impacto próximo de zero no mercado serve apenas como criação de barreiras de entrada. Além disso, a Gillette adquiria empresas que traziam modelos de negócio diferentes, com capacidade de contestar seu modelo tradicional. É exatamente esse tipo de gestão que torna uma empresa preguiçosa para buscar inovações transformadoras em seus produtos e serviços, investir em mudanças radicais de modelos de negócio ou adotar tecnologias complexas. No momento em que algumas empresas decidiram ficar por mais tempo no mercado, a participação da Gillette sofreu, pois os consumidores encontraram alternativas para sair de relações comerciais abusivas.

Enquanto a Nova Economia olha para uma longa jornada com o cliente, a Velha Economia trabalha para que cada transação seja sempre muito boa para a empresa e, no máximo, boa para o consumidor.

MUDANÇA DE PODER

Existe, de fato, a preocupação de que gigantes da tecnologia detenham o poder de mercado exagerado em função do domínio de dados, tendo em vista a massificação de tecnologias que permitem a ultraconectividade. O conjunto de informações torna-se exponencialmente mais valioso quando se conseguem cruzar os dados. Mas é essa capacidade de prever o comportamento, selecionar ofertas e atender pedidos que oferece automaticamente uma vantagem importante na Nova Economia: a possibilidade de ajustar o modelo de negócios e escalar com mais segurança e em benefício da cadeia de valor. Se o produto é minimamente viável, a capacidade da empresa de escalar determinará seu sucesso.

Há uma mudança significativa de poder e influência. Os oligopolistas começam a ceder espaço para garotos e garotas que não toleram mais o Brasil para poucos, para a pretensa aristocracia da antiga elite e seus herdeiros. Que é a mesma estrutura que sempre garantiu vantagens para homens brancos, heterossexuais e de classe média ou alta (como eu). Não é por acaso que a vocação da Nova Economia é mais inclusiva, ainda (é preciso dizer) que falte muito a fazer, pois os resultados até agora não são nada satisfatórios nesse tema. **A Nova Economia tem consciência de que a diversidade de talentos se tornou uma questão de sobrevivência: mulheres, negros, pessoas com deficiências (PcD), o público LGBTQIA+ e outros perfis historicamente excluídos do ambiente corporativo devem ser respeitados. É uma parcela da sociedade que não tem nada a ver com as velhas e lentas culturas corporativas e que traz novas práticas, alicerçadas no aprendizado das redes e suas tecnologias associadas.** Trata-se de uma transformação cultural, que também é tecnológica, econômica, social e até mesmo política. Trata-se de tirar, no limite, o capitalismo da infâmia em que foi jogado pelas más práticas da Velha Economia. Com a Nova, cresce exponencialmente a ideia de um "Capitalismo Consciente", que leva em consideração as questões da desigualdade e do meio ambiente. É uma transformação que já tem produzido líderes e empresas capazes de mudar cadeias de valor que passaram décadas estagnadas.

Aqui se faz necessária uma distinção entre empresário e empreendedor. O empreendedor tem capacidade de encontrar oportunidades que geram valor, ou seja, é aquele que cria empresas ou negócios dentro de uma companhia a partir da geração

NOVA ECONOMIA

de ideias. Por outro lado, empresários são as pessoas que têm competência para perpetuar uma empresa ou um negócio dentro da companhia. Uma pessoa pode nascer empreendedora e se tornar empresária, pode nascer empresária e se tornar empreendedora, assim como pode ser uma eterna empresária ou eterna empreendedora.

Novos empreendedores estão redesenhando modelos de negócio, conectando pessoas, parceiros e governo, criando ecossistemas que eliminam intermediários e permitem a participação fluida de todos. Em empresas capazes de desenvolver inteligência artificial, robótica e biotecnologia, a Nova Economia brasileira utiliza plataformas para automatizar o engajamento de ponta a ponta e alavancar ativos por meio do compartilhamento. O poder se estabelece a partir da colaboração dos indivíduos. São empreendedores que não temem o erro, mas valorizam o poder de reação rápida. Operam por meio de equipes multidisciplinares, descentralizadas e apoiadas por tecnologias sociais que promovem interações horizontais. Entretanto, estamos vivendo só o início desse processo. Enquanto tudo isso ocorre, contudo, ainda ouvimos os ecos da Velha Economia insistindo no ultrapassado – nas promoções por tempo de casa e na superestimação da experiência. "Não se assuste, já vi outros novatos não durarem no mercado" – uma fala desse tipo sai da mesma boca de quem diz: "Tomara que o BNDES dê financiamento barato apenas para as grandes empresas brasileiras". São nessas organizações embebidas de tradição que subsistem os processos lineares, hierárquicos e inflexíveis.

Enquanto as empresas da Velha Economia contam com recursos escassos, as da Nova Economia multiplicam seu potencial por meio da escalabilidade, gerando abundância. **Usam tecnologia proprietária para criar vantagem competitiva em seu modelo de negócio, produto ou serviço, contrapondo-se às antigas empresas que recorrem, majoritariamente, à tecnologia de terceiros.** A tecnologia proprietária exige profundo conhecimento de tecnologia por parte dos times e garante maior capacidade de resposta. Com ela, é possível testar novos cenários e criar necessidades que usuários e clientes nem imaginavam existir.

Os benefícios dos negócios apoiados na tecnologia crescem à medida que a escala aumenta, pois o custo de processamento de transações adicionais cai rapidamente. É inegável que o investimento inicial é alto, porém, pior ainda ocorre na Velha Economia, na qual a demanda de capital é maior, pois as empresas lidam com ativos fixos, e a escalabilidade é assustadoramente menor, tendo em vista que poucos usam tecnologia proprietária. E é dessa característica que emerge uma brutal diferença entre os dois mundos, já que o uso intensivo e inteligente de tecnologia proprietária muda completamente todos os demais atributos da empresa.

    Podemos colecionar uma série de diferenças separando esses mundos. Enquanto um vive pautado pela segurança, o outro investe na inovação – em produtos, gestão e tecnologia – para ter ganhos de produtividade. Cria, assim, a dinâmica que lhe é essencial: o ciclo virtuoso de competição. Quando a concorrência se intensifica, fazendo com que as empresas enfrentem a possibilidade de perder mercado, os gestores são fortemente incentivados a buscar maneiras criativas de aumentar o valor do que oferecem aos clientes. A escolha, realmente, é inovar ou morrer.

NOVOS VENTOS

No Brasil, organizações com esse perfil demoraram para mostrar sinais vitais, exatamente por conta daquele conjunto de vícios que isolou o país da competição durante tanto tempo e nunca estimulou o empreendedorismo. É o atraso que conhecemos, desta vez retardando o crescimento dos ecossistemas digitais. Mas empresas vêm driblando as dificuldades com enorme capacidade de minimizar ou eliminar barreiras de entrada e focando na criação de vantagens competitivas.

    A disrupção que as empresas da Nova Economia brasileira estão provocando não tem volta. É só ver o que a XP fez com sua plataforma aberta de investimentos, o que o Nubank provocou ao não ter agências bancárias, a maneira com que o iFood democratizou a oferta de alimentos e quanto o Mercado Livre (empresa argentina com principal mercado no Brasil) conseguiu em termos de transparência de preços no varejo. Aos dinossauros, adianto que o melhor a fazer é se inspirar em exemplos como BTG Pactual, Magalu e Dasa – empresas que nasceram na Velha Economia e fizeram a transição –, bem como observar o Banco Inter e a Via Varejo, que estão fazendo transformações interessantes. Empreender não significa começar uma empresa do zero, mas também não é aplicar fórmulas tradicionais de pesquisa e desenvolvimento (P&D). Basta lembrar grandes empresas que sumiram nas últimas décadas – Lojas Arapuã, Bamerindus, Rede Manchete, Mappin, Vasp, entre tantas outras.

NOVA ECONOMIA

É evidente que os novos ventos mexem com a agenda do país. Criam tensões e disparam conflitos com autoridades públicas e empresas estabelecidas. Logo, geram insegurança. Nenhum empresário quer ver a sua receita diminuir, nenhum político quer perder os votos daqueles que ficam sem emprego. **Quando os empresários da Velha Economia se sentem ameaçados, a resposta automática muitas vezes é exigir proteção, algo que a Nova Economia, definitivamente, dispensa: não dá e nem demanda. E talvez o mais notável disso tudo seja o modo como essa insegurança estimula o sonho de alguns a progredir empreendendo na Nova Economia, o que transforma a nossa sociedade.** Nas palavras do professor da Stern School of Business da Universidade de Nova York, Scott Galloway,[6]

> em uma economia capitalista saudável, a riqueza está sempre em risco. A competição estimula a inovação, o que rompe a ordem estabelecida, criando vencedores – e também perdedores. Joseph Schumpeter chamou isso de "tempestade da destruição criativa". A longo prazo, os escombros (idealmente) financiam uma sociedade mais empática e uma infraestrutura para mais inovação e prosperidade – mas isso só acontece se a tempestade soprar. Naturalmente, os vencedores tendem a perder o entusiasmo por esse processo quando a própria riqueza é destruída criativamente. Então eles lutam de volta. E uma de suas armas preferidas de fortalecimento é a política governamental.

Nesse momento é importante lembrar que as revoluções tecnológicas são marcadas por um período de instalação, um de ponto de virada e um de desenvolvimento. O ponto de virada, em especial, é precedido por crises relevantes, eliminando distorções para, então, permitir uma fase de desenvolvimento com grandes resultados para a sociedade. A imagem a seguir ilustra bem esse processo:

A NOVA ECONOMIA BRASILEIRA

CINCO "ONDAS" DE MUDANÇA TECNOLÓGICA E SEUS RESPECTIVOS
ACONTECIMENTOS MARCANTES E CONSEQUENTES GRANDES CRISES FINANCEIRAS[7]

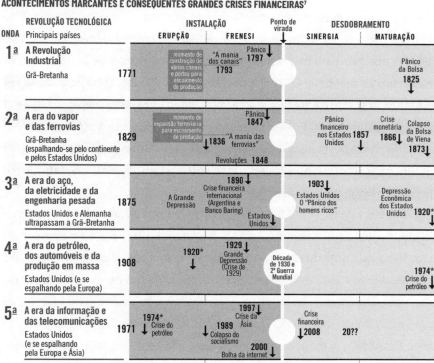

Outra boa notícia é que o capital de risco está se tornando disponível para novos negócios. É improvável que os burocratas do governo tivessem se arriscado como muitas empresas emergentes formadas no Brasil nos últimos dez anos; teriam preferido colocar dinheiro em firmas estabelecidas e seguras, como é a maioria do capital investido via BNDES, fundos de pensão e empresas estatais nos últimos cem anos. Essa é a Velha Economia. Na economia que está sendo construída, muitas histórias de sucesso já despontaram, e a combinação entre empreendedorismo e capital de risco promete dar um novo perfil ao Brasil, gerando possibilidade de riqueza para aqueles que não nasceram em famílias aristocráticas centenárias. O governo tem um importante dever de casa a fazer por meio de investimento em educação. É imperativo garantir que os trabalhadores brasileiros possam desenvolver as habilidades necessárias para atuar em uma economia em mudança. É preciso ainda melhorar o ambiente para o crescimento de novos negócios.

NOVA ECONOMIA

Para as empresas em geral, o sucesso ou o fracasso serão determinados por líderes e suas equipes, mas, primordialmente, por seus acionistas. Quem quiser sobreviver terá de ser flexível e eficiente: desligar o botão da barreira de entrada, voltar as energias para criar vantagens competitivas, manter-se atualizado e ser responsivo ao mercado – o que é um desafio para todos. **Uma economia em mudança, é sempre bom lembrar, prevê riscos consideráveis, cenários em que nada é garantido. Foi a alta tecnologia que nos trouxe até aqui, porém ela não é passaporte para o sucesso empresarial. Uma startup baseada em inteligência artifical, mas ineficiente, sofrerá tanto quanto um fabricante de papel para jornais e revistas.**

Competitividade, produtividade e inovação formam um trinômio aclamado como fator de sucesso faz tempo. Entretanto, no Brasil, ele ganha mais relevância no contexto da Nova Economia, pois a maior conectividade das cadeias de valor expõe mais os países que não detêm esses elementos. Ou seja, competitividade, produtividade e inovação serão decisivas no futuro, e as armadilhas, muito mais profundas para os acionistas – tanto da Nova como da Velha Economia. A escolha não é entre uma empresa de ativos fixos pesados e outra de alta tecnologia. O verdadeiro desafio será entender como usar a alta tecnologia proprietária, além de aprender a cooperar.

Uma coisa é certa: o antigo protecionismo não pode mais impedir nem mesmo retardar o avanço da tecnologia proprietária. É provável que um enorme grupo diverso e dinâmico de empreendedores no Brasil aumente exponencialmente a criação de valor – em mercados já explorados e nos ainda pouco conhecidos. **O Brasil pode decolar na Nova Economia ou seguir atrás dela. Minha aposta: ele vai decolar, e a Velha Economia vai comer poeira. Muito em breve, empresas tradicionais vão desaparecer ou se tornarão insignificantes. O movimento é irreversível.**

ENQUANTO AS EMPRESAS DA VELHA ECONOMIA CONTAM COM RECURSOS ESCASSOS, AS DA NOVA ECONOMIA **MULTIPLICAM** SEU POTENCIAL POR MEIO DA **ESCALABILIDADE**, GERANDO ABUNDÂNCIA.

BLOCO

NOVO BRASIL: O PODER DA IDEIA, DA TECNOLOGIA, DA AGILIDADE E DA ESCALA

1

CAPÍTULO 1

GLOBALIZAÇÃO E ECONOMIA EM REDE

Na década de 1990, a globalização ainda tinha pouco efeito no Brasil, mas era assunto recorrente nos jornais. Hoje, está começando a revolucionar o país, mas poucos falam dela.

Já faz muitas décadas que globalização é palavra corrente. Também já se pensou muito sobre ela e as consequências desse fenômeno que derrubou as barreiras entre nações e desenhou um mundo em que integração é a chave. Essa definição inicial, simples, pode esconder o alcance das transformações que daí vieram, varrendo do mapa valores e práticas antigas. **Porque a globalização é uma revolução que se espraia em quase todos os aspectos da nossa vida – da produção de riqueza às escolhas individuais que fazemos.**

Ainda na década de 1990, por exemplo, uma viagem à Disney exigia uma complexa operação. A lista começava pelo passaporte: três meses de espera. Depois, outros três meses para obter o visto. Sem contar o medo de não conseguir a permissão para entrar nos EUA. Para comprar a passagem, idas e vindas a uma agência de turismo. Bilhete nas mãos, tudo certo? Não. Começava a segunda fase da confusão, com pais sem conseguir falar com os filhos, e eles sem saber o que fazer quando o dinheiro ou o *traveler check* acabavam antes da hora. Hoje, é possível conseguir passaporte e visto em um mês, não há mais tanto medo de ser barrado, a compra da passagem pode ser feita em uma plataforma digital um dia antes do embarque, as pessoas se falam o tempo todo por WhatsApp, e o cartão de crédito (ou de débito) resolve a questão do dinheiro. Tudo graças à integração financeira, logística e de telecomunicações provocada pela globalização.

A definição do Fundo Monetário Internacional explica mais a fundo o conceito:[1]

> A globalização é um processo histórico, resultado da inovação humana e do progresso tecnológico. Refere-se à crescente integração das economias em todo o mundo, especialmente por meio de fluxos comerciais e financeiros. O termo tornou-se comum desde a década de 1980, refletindo os avanços tecnológicos que tornaram mais fácil e rápido concluir as transações internacionais – tanto os fluxos comerciais como os financeiros. Refere-se a uma extensão além das fronteiras nacionais das forças de mercado que operaram por séculos em todos os níveis da atividade econômica humana [...].

Vamos retomar o percurso que nos trouxe a um dos principais pontos em que estamos. Podemos recuar ao mundo que começou a nascer no fim da Primeira Guerra Mundial (1914-18). O sistema colonial – que sustentou o crescimento das metrópoles europeias durante séculos à custa da riqueza de povos dominados – começou a cair por terra. Pela primeira vez na história moderna, quase todos os Estados nacionais do planeta eram independentes ou estavam em vias de ser. Mesmo que com muitas aspas nessa área, já não era natural um país aportar unilateralmente em outro, carregar os porões de suas embarcações e ir embora. Tínhamos, no mínimo, uma relação comercial bilateral.

Ao fim da Segunda Guerra (1939-45), o mapa global já era muito diferente. Os antigos impérios europeus desmoronaram, nações surgiram e outras foram engolidas na órbita das emergentes superpotências. O próprio redesenho das fronteiras exigiu novos modelos de organização e integração no que se refere às trocas. Data desse período aquela divisão – há muito tempo superada – dos países

NOVA ECONOMIA

entre primeiro mundo (os industrialmente desenvolvidos), segundo mundo (os do bloco socialista, de economia planificada) e terceiro mundo (os subdesenvolvidos ou, eufemisticamente, em desenvolvimento).

Conceitualmente, era uma lógica que emulava a do antigo colonialismo. A história às vezes parece ser entendida assim: incapazes de apreender completamente o novo e o que subterraneamente está acontecendo, adaptamos ideias antigas que, embora continuem verossímeis, não dão conta de revelar as profundas transformações que apontam para o futuro.

Saber ler o presente, de modo a vislumbrar o que virá, é uma virtude rara. E é dela que se alimentam os empreendedores de todas as eras. Ainda no período que antecedeu a Primeira Guerra Mundial, o norte-americano Henry Ford lançou as bases da produção em massa. Na recém-fundada Ford Motor Company (1903), o engenheiro mecânico criou o sistema da montagem em série, racionalizando o processo de trabalho e elevando, por consequência, a eficiência e a produtividade, além de empregar mecanismos de gerenciamento avançados para a época. Daí a formação de trabalhadores especializados, de olho em carreiras promissoras e relativamente estáveis, com relações mediadas por sindicatos e protegidas por legislação do Estado. Olhando por cima, parece que até outro dia o mundo do trabalho se assemelhava a esse sistema. Menos no seu funcionamento, mais no imaginário que alimentou sonhos e expectativas de nossos pais e avós em relação ao futuro.

Falamos, aqui, do consumo em massa, que se tornaria a face mais visível da antiga lógica econômica, com efeitos sociais e comportamentais profundos. A necessidade de contínuo desenvolvimento tecnológico, a fim de estender a perder de vista a produção racional não só de bens, mas também de serviços, impulsionou avanços logísticos e de comunicação. Enquanto os automóveis saíam das linhas de montagem da fábrica da Ford em Detroit, os trabalhadores norte-americanos compravam eletrodomésticos (e depois hambúrgueres) fabricados no mesmo sistema, com o salário assegurado pelo sistema.

Era o *American way of life* turbinado pela prosperidade econômica do período. A conta parecia fechar com perfeição, com pleno emprego, salários altos e crédito abundante. Também se tornou uma ótima peça de marketing, consolidando a ideia de uma nação predestinada. Até mesmo o medo de um ataque nuclear soviético contra o país era um fator de coesão em torno do modo de vida americano. Parecia tão perfeito que logo foi exportado – ao menos no imaginário – para outros países.

DA GLOBALIZAÇÃO PARA A *E-GLOBALIZAÇÃO*

Contar essa história, contudo, não é o objetivo deste livro. Ela serve apenas de ilustração para o modo como as transformações econômicas deixam profundas marcas culturais; como elas moldam novas visões, que, por sua vez, se integram ao modelo que lhes dá sustentação. Michael Spence,[2] o ganhador do prêmio Nobel de economia, lembra que, depois da Segunda Guerra Mundial, os líderes dos países desenvolvidos criaram uma nova ordem internacional que possibilitou a redução parcial das barreiras. Foi plantada, assim, a semente que acabou se transformando num dos principais alicerces da globalização.

Também consequência daquele novo mundo – a meio caminho entre a divisão internacional da produção e a integração dos mercados –, as ciências sociais começaram, lentamente, a deslocar as análises dos Estados nacionais para as interconexões das economias, regidas por códigos culturais e valores que se pretendiam universais, como a democracia liberal. É a era do multilateralismo, cujas faces mais evidentes são o Banco Mundial e o FMI, fundados em 1944 e 1945, respectivamente, e a Organização das Nações Unidas, criada em 1945. Mas ao lado deles estão organismos como o GATT (Acordo Geral de Tarifas e Comércio, de 1947, antecessor da Organização Mundial do Comércio)*, a Organização Europeia para a Cooperação Econômica (1948), a Organização dos Estados Americanos (1948) e muitos outros, criados nas décadas que se seguiram.

Ao mesmo tempo, outras fronteiras começaram a balançar. Popular desde o início do século, o rádio ganhou a companhia da televisão nessa mesma época. O primeiro serviço regular de transmissão de TV remonta a 1936**, partindo das torres da British Broadcasting Corporation, a BBC, em Londres; em 1948, nasce em Nova York o

---

* O GATT foi criado como um acordo e evoluiu para organismo com a criação da OMC (Organização Mundial do Comércio) em 1995.

** A primeira demonstração pública mundial da transmissão de imagens em movimento aconteceu em 1926 para cinquenta cientistas da Academia Britânica, mas o serviço regular de transmissão de TV ocorreu somente dez anos depois, inaugurado pela BBC.

NOVA ECONOMIA

braço televisivo da American Broadcasting Company, a ABC. Nesse ínterim, com o desenvolvimento tecnológico e a produção em escala, o preço dos aparelhos começou a cair o suficiente para atrair a crescente classe média, em busca de diversão e status.

Na Grã-Bretanha de 1947, estima-se que havia televisores em 15 mil casas; em 1952, esse número batia em 1,4 milhão. E a TV em cores nem tinha chegado. Mundo afora, empresas como Telefunken, GE, RCA e Sony investiam na evolução tecnológica e colhiam o impacto comportamental. Nos anos 1960, a transmissão por satélite jogaria mais lenha na fogueira da integração mundial, dando os primeiros passos da informação em tempo virtualmente real. As distâncias físicas também foram encurtadas: em 1949, decolou da Inglaterra a primeira aeronave civil equipada com motor a jato, abrindo caminho nas nuvens para a multiplicação das rotas comerciais intercontinentais.

No campo das ideias, a revolução também se fez notar. Em 1950, o sociólogo russo naturalizado francês Georges Gurvitch[3] cunhou a expressão "sociedade global", conceito que visava definir relações que ultrapassavam grupos, classes e Estados nacionais. Em 1962, no livro *The Gutenberg Galaxy*,[4] o filósofo canadense Marshall McLuhan teorizou sobre a cultura de uma sociedade eletrônica – no que era, então, a maior revolução tecnológica da história. No horizonte estava o ingresso da civilização ocidental na "nova era tribal" do que chamou de "aldeia global". Aqui e ali, outros pensadores rastrearam os sinais desse novo "sistema mundial" até a publicação, em 1983, do artigo *A globalização dos mercados*,[5] do economista estadunidense Theodore Levitt. Mas não vamos nos adiantar.

Nesse momento, estamos nos ensaios do conceito atual de globalização – um ponto crucial, crítico, dessa história. Se o modelo econômico e de produção entre meados das décadas de 1940 e 1960 parecia se ajustar tão bem a esses movimentos globais, por que ele poderia colapsar – levando junto um estilo de vida? Em primeiro lugar, porque não é raro que modelos de qualquer espécie, incluindo os econômicos, declinem em razão das próprias virtudes. Quer dizer: no fim das contas, o próprio processo de integração mundial ajudaria a evidenciar os limites de uma economia que começava a ficar velha.

Na sequência desta breve narrativa, vieram as décadas seguintes e, com elas, novidades. Os anos 1970 viram o preço do barril de petróleo quadruplicar, e a brutal recessão global daí advinda revelou que certas políticas fiscais possuíam efeitos negativos que, durante os anos dourados, tinham permanecido dormentes. A comunicação e o transporte abriram as portas de mercados valiosos e distantes, mas levaram também ao acirramento da competição. Nos Estados Unidos, por exemplo, verificou-se – como se fosse algo repentino – uma clara defasagem tecnológica do país no mercado global.

A mitológica indústria automobilística americana se viu passada para trás com o sucesso dos veículos produzidos pelas modernas fábricas do Japão – então plenamente recuperado da destruição da Segunda Guerra. Era o "toyotismo" (desenvolvido, naturalmente, na fábrica da Toyota Motor) batendo no fordismo, com a automação extrema das linhas de montagem, estratégias diferenciadas na gestão dos estoques, investimento na qualificação da mão de obra e diversificação dos produtos.

Diante dessa realidade, salário e nível de emprego norte-americanos perderam a força. Os mecanismos de amparo social herdados do keynesianismo – que subsistia nos Estados Unidos depois da Grande Depressão dos anos 1930 e na Europa do pós-guerra – começaram a perder terreno para políticas mais austeras, aniquilando a sensação geral de prosperidade. Entre empresários e trabalhadores americanos, não faltavam manifestações de xenofobia e mesmo de racismo; entre políticos e eleitores, propostas de bancos de fomento. Na Europa, a situação também não era nada boa, com o desemprego se tornando um problema crônico. Não demorou para que os apelos de levantar barreiras alfandegárias e instalar medidas protecionistas fossem ouvidos em alto e bom som.

Mundo afora, conflitos chocavam com o imaginário das décadas anteriores. A epidemia de golpes militares nas economias periféricas e a irrupção de movimentos sociais e políticos nas nações mais desenvolvidas – globais, muito a propósito – dissolviam a ilusão de estabilidade da era fordista. Maio de 1968 na França, protestos pelos direitos civis nos Estados Unidos e movimentos de contracultura se alastrando eram sinais de uma crise que nascia, em parte, da própria velocidade da informação e da confluência de culturas e nações.

Nos esforços para ajustar a combalida economia global, os investimentos em tecnologia se mostraram imprescindíveis num cenário de extrema competitividade. Vale o destaque para a indústria eletrônica, que daria um novo, e largo,

NOVA ECONOMIA

passo na tecnologia da informação, peça-chave de uma transformação – cujos resultados são atualmente evidentes – que seria levada a cabo pelos protagonistas de um sistema hoje chamado de Nova Economia. Ela trouxe não só estratégias empresariais revolucionárias, mas também uma completa revolução no mundo do trabalho, promovendo um divórcio com o estilo de vida, as expectativas e o imaginário coletivo da era fordista. Estamos chegando lá.

Já dissemos aqui que modelos acabam muitas vezes sendo derrotados pelas próprias virtudes; é preciso dizer que novos modelos também acabam impulsionados por aqueles que os antecederam. Nos anos prósperos da Velha Economia, várias empresas eletrônicas começaram a povoar uma região ao sul de São Francisco, na Califórnia, que viria a ser conhecida como Vale do Silício, polo tecnológico que faria do conhecimento e da informação as *commodities* da vez, com muito valor e até acessadas por quem estava fora desse novo jogo.

Existem economistas que afirmam que o mundo pode ter entrado em uma fase de desglobalização, como resultado dos conflitos comerciais entre países, o que pode gerar alguma fragmentação das cadeias de valor globais. Entretanto, o mesmo não se aplica ao mundo digital, que é cada vez mais predominante. Estamos vivendo a *e-globalização*, fase marcada por fluxos crescentes de dados e informações. Nessa nova fase, as pessoas, empresas e governos gerenciam seus movimentos pelo mundo de maneira mais simples e eficiente por meio de plataformas e ferramentas digitais. Em um estudo publicado em 2020, 20% dos líderes da cadeia de suprimentos global acreditavam que o fornecimento de suprimentos já se dava predominantemente pelo meio digital e 80% esperavam que esse modelo se tornasse predominante em cinco anos.[6] Não é um exagero pensar que em algumas décadas haverá apenas o consumidor, como ser humano, entre o pedido, a produção e a entrega de determinados bens e serviços. A existência de uma impressora 3D em sua casa ou empresa ajuda a materializar esse cenário.

O NASCIMENTO DA NOVA ECONOMIA

Naquele início, empresas como a HP, a GE e a IBM já tinham espalhado seus galpões industriais austeros pelas cidades que ocupam o vale. Diferentemente dos setores industriais tradicionais, voltados para o consumo, o Vale do Silício nasceu com vocação de pesquisa, reunindo talentos egressos, em boa parte, da universidade local, Stanford, em Palo Alto, que estimulava essa proximidade com as novas indústrias. Se havia prosperidade para o consumo de bens, havia também dinheiro do orçamento militar para o desenvolvimento de tecnologia – uma herança do período da Segunda Guerra que se estendeu aos anos da Guerra Fria, sob aquele medo geral das ogivas comunistas.

Foi em Palo Alto, por coincidência, que cresceu o físico William Shockley, que, a propósito, tinha trabalhado com pesquisa para o Exército. Anos depois, ele liderou o grupo montado na Bell Telephone Laboratories, em Nova Jersey, que desenvolveu, em 1951, a invenção mais importante da era eletrônica: o transístor, semicondutor sólido feito de germânio ou – melhor – de silício. O componente possibilitou a criação do circuito integrado e do microprocessador, sem os quais não seria possível o computador pessoal, muito menos os smartphones atuais. Isso sem contar as evoluções tecnológicas que levaria para as indústrias e atividades econômicas já tradicionais. Quais? Virtualmente todas – incluindo as que ainda estavam a caminho. Novas frentes de inovação surgiram nas seguintes áreas: agricultura, medicina, astronomia, defesa, transporte e indústria pesada. Sem o transístor, o homem não chegaria à Lua nem Elon Musk mandaria um carro da Tesla para o espaço sideral. O mundo que nos rodeia hoje seria completamente outro. Nenhuma surpresa, portanto, que em 1956 o trio composto por William Shockley, John Bardeen e Walter Brattain tenha levado o Prêmio Nobel de Física.

Pois foi com essas credenciais que Shockley retornou à Califórnia, onde, em 1956, fundou uma das primeiras startups de tecnologia, a Shockley Semiconductor Laboratory, uma divisão da Beckman Instruments Inc., em Santa Clara Valley. Para isso, pescou oito jovens cientistas e engenheiros pelo país para criar, como ele dizia, sua "linha de montagem composta de PhDs". **Foi precisamente a partir desse momento que o empreendedorismo individual começou a desempenhar um papel fundamental na construção da Nova Economia, em que uma boa ideia – e um investidor – são suficientes para iniciar um negócio que pode se tornar maior que, digamos, a Ford.**

NOVA ECONOMIA

Não foi esse o caso da Shockley Semiconductor Laboratory, que acabou ruindo por conta do gênio difícil e da inabilidade de gestão de seu fundador. Entretanto, em 1957, o time de jovens talentosos recrutados por Shockley conseguiu recursos de um investidor, Sherman Fairchild, e, em debandada, criou a Fairchild Semiconductor, em Mountain View. A nova companhia faria tremendo sucesso com o desenvolvimento igualmente revolucionário do circuito integrado. À frente do time estava o físico Robert Noyce, que, poucos anos depois, seria um dos fundadores da Intel, líder no segmento de microprocessadores até hoje.

Visionário, Noyce foi responsável por inovações como a gestão horizontal e a informalidade das relações de trabalho. Na nascente cultura empresarial, cargos não conferiam status nem privilégios – vagas de estacionamento, por exemplo –, e talentos reconhecidos não ficavam engessados anos em planos de carreira para chegar ao cargo de CEO. Tampouco havia regras para uso de paletó e gravata, por exemplo, o que inaugurou uma das marcas das empresas que mais buscaram o Vale do Silício nos anos 1970 e 1980, quando os computadores pessoais começaram a se tornar uma realidade para o mercado e para o PIB norte-americano.

Em 1983, no mesmo ano em que Levitt popularizou o termo "globalização", a revista *Time*[7] publicou uma extensa reportagem dissecando a já evidente Nova Economia. Chamava atenção, por exemplo, para o fato de uma empresa fundada por dois jovens em uma garagem em Los Altos ter conseguido, em apenas seis anos, evoluir para uma empresa de 4 mil funcionários e com uma receita que colocava, pela primeira vez, uma startup na lista das quinhentas maiores empresas da revista *Fortune*. Eram dois Steve: Jobs e Wozniak. E a empresa se chamava Apple.

Mas a eventual visão romântica que se pode ter hoje diante de histórias assim não esconde os desafios de transição enfrentados nessa era. As turbulências políticas, o desemprego e as dificuldades impostas pelas novas tecnologias à recolocação da antiga mão de obra especializada não garantiram popularidade aos movimentos da globalização. Setores da Velha Economia se queixavam, o brado por medidas protecionistas se multiplicava – e era atendido por diversos governos mundo afora. No esforço de se agarrar ao antigo *statu quo*, perdiam-se de vista as vantagens competitivas que estavam logo ali, gestadas pelas novas gerações não só no Vale do Silício, mas também em outras partes do mundo.

GLOBALIZAÇÃO E ECONOMIA EM REDE

Apesar das resistências, seria esse empreendedorismo individual, aliado ao capital de risco, que uniria a globalização à Nova Economia. As cadeias de valor antigas, formadas por oligopólios, ganharam outra escala com a integração: deixaram de ser vistas apenas pela ótica da produtividade local para serem inseridas num movimento de internacionalização. O resultado foi uma nova divisão mundial do trabalho, com a fragmentação dos processos produtivos, agora dispersos geograficamente em cadeias globais de valor. Nesse modelo, nenhum país precisa construir uma base industrial que dê conta da produção de bens em todas as etapas do processo. É assim, por exemplo, que a Apple de hoje conta com centenas de fornecedores espalhados pelo mundo para montar o iPhone... na China. Para a sede em Cupertino, que detém a propriedade intelectual e a marca, ficam reservados estratégia de mercado, marketing, design etc.

O avanço das telecomunicações, advindo da rápida disseminação da internet desde os mesmos anos 1980, completou esse gigantesco movimento de integração global. A natureza modular óbvia no setor eletrônico se espalhou para os demais ramos produtivos – da indústria pesada ao setor de serviços. Além de promover mudanças importantes nas relações comerciais multilaterais e no direito internacional, a nova realidade teve como consequência – e isso é fundamental para nós – a diminuição de barreiras de entrada, ampliando os recursos disponíveis para a construção e a execução de novas ideias. O empreendedorismo contemporâneo ganhou, assim, o impulso definitivo com a possibilidade de startups de todas as áreas se inserirem em cadeias globais de valor já existentes, com custos bem menores.

Esse é o aspecto-chave da Nova Economia, que disseminou práticas de gestão modernas capazes de confrontar os poderes tradicionais locais, ainda que em um mundo globalizado esse enfrentamento tenha sido moldado pelas especificidades políticas e culturais locais. Sobre isso, vale a pena nos determos nos conflitos do Brasil com a própria história rumo a um país mais competitivo e com mais oportunidades para quem quer empreender nesse novíssimo cenário mundial, ainda em plena transformação. Mas isso veremos logo mais, em outro capítulo.

Por hora, o ponto em questão é a tríade internet, nuvem e APIs (*Application Programming Interface*). A soma dos três é que viabiliza negócios exponenciais em termos de capacidade, velocidade, ultraconectividade e custo. A internet

NOVA ECONOMIA

abriu o caminho, permitindo o tráfego de dados em uma rede de computadores pelo mundo, trocando dados por meio de um protocolo comum, unindo governos, pessoas, empresas e demais entidades. Com a criação da nuvem (*cloud*) tornou-se possível organizar e escalar a infraestrutura de TI, plataformas e softwares de modo muito mais eficiente. Ao invés de cada empresa ter o próprio servidor, por exemplo, o armazenamento na nuvem acabou com a necessidade de espaço físico e deu às empresas flexibilidade – agora elas podem crescer da noite para o dia –, além de proporcionar uma redução de custos, de tempo de implantação e de complexidade de TI. Mesmo raciocínio válido para os bancos de dados. Juntam-se a isso as APIs, intermediários de softwares que estabelecem a comunicação entre duas aplicações. Ou seja, transferem características de um sistema complexo para outro, possibilitando às empresas acessar funções e serviços para transmiti-los sem programar uma estrutura toda nova. O resultado é a ultraconectividade, maior capacidade de armazenamento de dados e transferência de aplicações de uma forma robusta, ambiente natural da Nova Economia. **O atual estágio – florescendo neste momento – tem como foco transferir majoritariamente a informação, e não mais produtos e serviços.** O amadurecimento completo ainda dependerá de mais um estágio de evolução tecnológica e do ambiente regulatório (sistema tributário, privacidade, propriedade e aspectos concorrenciais).

Isso permitirá encontrarmos automaticamente uma rota ótima entre dois pontos (o que não implica a mais curta) em um determinado momento, otimizando o desempenho das redes pelas quais trafega a informação, bem como estarmos seguros de que sempre existirá uma rota entre dois pontos. Nesse momento, geografias e fronteiras perdem relevância de uma forma que jamais será revertida. Pense na produção de bens a partir de impressão 3D. Por que você teria fábricas centrais e enormes? Pense no uso de dinheiro em espécie. Por que você teria casas da moeda centrais? Em última instância, basta a informação trafegando, quando no passado eram necessários a existência e o transporte físico do produto.

Já começamos a viver a emergência da economia globalizada em rede. A revolução está em andamento. A questão é: apesar do ritmo e da profundidade das mudanças, muita gente ficará pelo caminho.

SABER **LER O PRESENTE,** DE MODO A VISLUMBRAR O QUE VIRÁ, É UMA **VIRTUDE RARA.** E É DELA QUE SE ALIMENTAM OS EMPREENDEDORES DE **TODAS AS ERAS.**

CAPÍTULO 2

FIM DOS PODERES TRADICIONAIS

A Idade da Pedra não acabou porque as pedras acabaram. Ainda assim, o Brasil está cheio de Fred Flintstones.

O avanço da globalização está pontuado de conflitos e resistências. Além dos interesses de quem se apega ao *statu quo*, a integração mundial possui uma tensão essencial com o local, com a sociedade de cada nação. Não é um processo, portanto, que ocorra de cima para baixo; ele é feito de evoluções horizontais, heterogêneas, sujeitas a crises regionais e recuos políticos, moldados por heranças históricas e culturais. Mas, mesmo aos trancos e barrancos, o próprio processo de integração global é capaz de acrescentar novos fatores nessa equação. E a passagem da Velha para a Nova Economia tem tudo a ver com isso.

No Brasil, avançamos. Mas penamos. A ficha corrida dos nossos vícios remonta ao comecinho da colonização, quando Portugal dividiu seu quinhão a leste da linha do Tratado de Tordesilhas em capitanias hereditárias e delegou sua administração e exploração a membros da nobreza ligados a D. João II. Eram os fidalgos "amigos do rei". Um status que se estendeu pelo período do Império, marca da cultura da nascente elite, fechada nessa espécie de bolha social primitiva. Dela participavam os filhos dos amigos, uma vez que a posse da capitania era estendida aos herdeiros e sucessores. Uma máquina de favoritismo na origem.

FIM DOS PODERES TRADICIONAIS

A distância com a metrópole reforçava o imaginário de plenos poderes. Logo vieram amigos do amigo. E parentes. E amigos dos parentes de amigos. Pretensamente aristocrática, vigorava a ideia de que alguns podem mais que outros, de que alguns são mais que outros. A sociologia se deteve largamente sobre esse fenômeno que se liga a uma estrutura de poder em que o uso da coisa pública em benefício pessoal por alguns poucos ganhou ares de legitimidade. Na obra *Os donos do poder*,[1] o jurista Raymundo Faoro chamou isso de "patrimonialismo", que se define justamente pela mistura entre público e privado. Na política, seus filhotes são a corrupção, a troca de favores, o apadrinhamento, o clientelismo e o nepotismo. São práticas que penetraram profundamente o tecido social – compreendem desde o grande empreiteiro, que abastece caixas dois de campanhas políticas para fechar contratos com o governo, até o miliciano que se apropria de serviços públicos para lucrar em comunidades vulneráveis.

Não apenas isso. Institucionalmente, por incrível que possa parecer, a lógica das capitanias perdurou até pouco tempo atrás. Em nossa coleção de jabuticabas que atravancam a modernização, os cartórios são imbatíveis. Herdeiros diretos da tradição monárquica portuguesa, foram entregues para a turma do poder para oferecer serviços que, na imensa maioria dos países, cabia ao poder público oferecer. Uma distribuição de verdadeiros monopólios com direito a (como nas capitanias) transmissão hereditária: de pai para filho ou de sogro para genro, como dote de casamento. "Dote." Coisa de novela de época também? Longe disso: essa estrutura persistiu, inacreditavelmente, até 1994.

Durante décadas, os donos de cartórios se apegaram às taxas por serviços que poderiam ser absorvidos pelo Estado, sem se preocupar com eficiência e bom atendimento. Essa é uma realidade que, ao menos, vem mudando nos últimos anos, com a exigência de concurso para os titulares e mudança de perfil dos tabelionatos. Em boa parte, isso ocorreu pela evolução tecnológica, que, aos poucos, vai conferindo espaço às certificações digitais e derrubando os custos nas empresas – em papel, autenticação de documentos e reconhecimento de firmas. Mas o Estado Cartorial (outra definição da sociologia) não

NOVA ECONOMIA

se abala. O *lobby* garantiu monopólios na concessão de certificados. Além disso, dados do Conselho Nacional de Justiça (CNJ)[2] revelaram que os quase 12 mil cartórios espalhados pelo Brasil faturaram, em 2019, 16 bilhões de reais – um crescimento de quase 12% em relação ao ano anterior.

Esse é um dos muitos sistemas a reproduzir a desigualdade, que, no patrimonialismo, passa a ser a medida do status social. Uma desigualdade profunda porque se enraíza no imaginário de uma sociedade escravagista, em que, de fato, uns são mais do que outros, uns podem mais do que outros. Daí deriva o racismo estrutural que se prova cotidianamente no país; a cultura da carteirada, do "você-sabe-com-quem-está-falando?"; a concessão de privilégios ao funcionalismo por meio da distribuição de cargos de confiança – gente de confiança dos vários reizinhos.

Uma cultura que se entrelaça com as nossas políticas educacionais, voltadas preferencialmente para uma formação bacharelesca de "doutores" com seus anéis de rubi, mais interessados no poder simbólico conferido pelos títulos. Um poder que se traduz em ganho pessoal e manutenção do estado das coisas, mesmo que à custa de dinheiro público e em detrimento de qualquer noção de cidadania. Trata-se de uma sociedade essencialmente antidemocrática e baseada em um capitalismo que se orienta pelo político, inibindo o empreendedorismo privado. Na área da ciência da Administração, isso foi chamado de *Capitalismo de laços*,[3] título do livro do professor do Insper Sérgio Lazzarini, que remete diretamente ao patrimonialismo definido por Faoro. **O mesmo fenômeno que se traduz na conclusão: a nossa Velha Economia se formou sobre marcos ainda mais arcaicos em comparação com outras nações.** Nossa história de empreendedorismo não pode ser compreendida fora desse cenário, em que a vantagem nos negócios geralmente fica com o "amigo do rei" e seus sucessores, não com quem faz por merecer pela gestão eficiente e pela competitividade. Ao contrário: não raro, a estes últimos são reservados obstáculos burocráticos, pouco importa se atravancam a modernização do país e o bem-estar da população.

MARCAS DO ATRASO

Ao longo da história, os vícios do Estado capturaram e contaminaram os setores privados. O favorecimento, na lógica torta desse capitalismo *sui generis*, é uma vantagem nos negócios, e sua manutenção passa por afastar qualquer competidor que não se paute por essas regras. Naturalmente que, nesse cenário, o oligopólio tenha sido a marca do processo de industrialização do país, pontuado por medidas protecionistas – o que se converteu muitas vezes em álibi para práticas ultrapassadas e pouco competitivas no cenário internacional. **A salada do atraso, aqui, sempre foi temperada com ideologias nacionalistas, à esquerda ou à direita do espectro político, mas quase sempre atreladas ao populismo.**

Foi assim que, passada a crise do café nos anos 1930, a República Nova de Getulio Vargas investiu na indústria de base, com a criação da Companhia Siderúrgica Nacional (1941), da Vale do Rio Doce (1942), da Fábrica Nacional de Motores (1942) e da Hidrelétrica do Vale do São Francisco (1945). Da velhíssima economia agroexportadora, evoluímos (por mais estranho que seja o verbo nesse contexto) para o que definimos como Velha Economia. A entrada de capital estrangeiro, que resultaria na indústria automobilística, foi acompanhada – sem surpresas – de uma alta tarifa aduaneira e de um rígido controle do mercado de câmbio. Com a chegada das multinacionais, instalou-se por aqui o pânico diante da nascente globalização.

Vieram os anos da ditadura militar, com o nacionalismo recrudescido pela recessão provocada pela crise do petróleo. Empresas estatais atingiram resultados importantes, mas ao longo do tempo a grande maioria ficou defasada tecnologicamente pela, entre outras razões, falta de investimentos em pesquisa. O protecionismo continuou dando as cartas.

Outro episódio exótico do nosso atraso ocorreu entre 1977 e 1991, quando o Brasil adotou a política de reserva de mercado de informática. No papel, a ideia era estimular as empresas de capital exclusivamente nacional a investir nas novas tecnologias e criar uma indústria local competitiva; na prática, resultou num efeito dominó que prejudicou toda a cadeia produtiva do país.

NOVA ECONOMIA

Travou os avanços de automação e o desenvolvimento da infraestrutura de telecomunicações, então – adivinhem – controlados pela União e pelos Estados. Nos anos 1980, quando a internet já era uma realidade, essas empresas não eram capazes nem sequer de prover linhas telefônicas para as residências, que dirá atender às exigências da globalização.

Novamente, era clara a rede de interesses por trás do discurso de estímulo à produção nacional. Envolvia delírios de segurança nacional, *lobbies* de associações de indústria e, sobretudo, de um estamento burocrático obcecado pela política de substituição das importações*, quando a economia mundial já apontava para uma lógica completamente distinta. Na fase final desse período, o Brasil tinha sete fábricas de semicondutores instaladas, que, com a agonia da reserva de mercado, deixaram o país. Ao fim, todas as empresas nacionais fecharam ou foram absorvidas, a capacitação tecnológica não veio e o setor produtivo amargou as consequências. No varejo, o consumidor pagava coisa de cinco vezes mais por produtos de menor qualidade – alguns, até pirateados. Nessa Lei Seca da Tecnologia, quem prosperou mesmo foi o submundo do contrabando.

E, claro, a turma de sempre, de olho nos subsídios e isenções fiscais. Na cronologia da República Nova, com a alternância de ideologias conflitantes, alguns mecanismos agradavam as diferentes correntes. Data de 1952 a criação do Banco Nacional de Desenvolvimento Econômico (o BNDE, que mais tarde agregaria o S de "Social"), estabelecendo mais um vetor na acidentada história de subsidiar a formação de capital industrial.

Independentemente do mérito (ou da eventual necessidade neste ou naquele momento) de uma política de desenvolvimento nacional, a questão que interessa aqui é outra. Nestes quase setenta anos de história, o BNDES se tornou em muitos sentidos a chave da Velha Economia à brasileira. Setores produtivos criaram dependência dos créditos do banco, que, por sua vez, manteve a própria dependência de recursos do Tesouro Nacional. Com os "amigos do rei" ao fundo desse cenário, a atuação do BNDES em

---

* Substituição de importações é o conjunto de medidas que tem por objetivo aumentar a produção interna de uma economia, ou seja, reduzir suas importações.

diferentes governos quase nunca escapou da força gravitacional dos oligopólios em vez de promover, de fato, uma efetiva modernização da economia.

Quando a instituição completou 50 anos, em 2002, o economista Luciano Coutinho inaugurou um novo capítulo no desenvolvimentismo. No texto *Marcos e desafios de uma política industrial contemporânea*,[4] sinalizou uma nova diretriz – que seria implementada por ele mesmo quando à frente da instituição, entre 2007 e 2016. Saía de cena o protecionismo por meio de tarifas aduaneiras; entrava a política de formação de campeões nacionais. Tratava-se de conceder empréstimos a juros baixos e incentivos fiscais a um seleto grupo de empresas, para que elas tivessem condições de competir globalmente e se internacionalizar, fazendo, inclusive, aquisições de companhias no exterior. Ele escreve:

> É, portanto, urgente uma estratégia de formação de "campeões nacionais competitivos" que, a partir do Mercosul, se projetem como atores globais. A formação de "campeões competitivos" não implica a escolha burocrática e discricionária de "vencedores". Na quase totalidade dos setores existem empresas líderes, diferenciadas, mas competitivas e capazes – muitas vezes em áreas de negócio inóspitas, onde a maioria das empresas enfrenta problemas. Estas empresas líderes competitivas merecem, porém, atenção especial. Seu desempenho em inovação, excelência de gestão e outros pontos fortes devem ser estimulados, tendo em vista a conveniência de robustecê-las.

O objetivo era gerar saldos no comércio exterior e reduzir a vulnerabilidade externa da economia, já admitindo e abraçando um cenário irreversível de globalização. Também no papel, a política previa apoio a empreendimentos inovadores e "oferta de infraestrutura tecnológica e científica através de incubadoras, polos e distritos especiais". A despeito da aparente evolução em relação às mentalidades anteriores – e de negócios de impacto – o

NOVA ECONOMIA

fato é que a política dos campeões nacionais, espremida, trazia as marcas inconfundíveis do arcaico. Os oligopólios ganharam verniz internacional, mas continuavam a significar o de sempre: concentração de mercado nas mãos de poucos. Empresas já multibilionárias, como a Odebrecht, receberam empréstimos e incentivos estratosféricos para concentrar ainda mais. Todo o modelo – mais o envolvimento de algumas dessas empresas com escândalos de pagamento de propina e financiamento de caixa dois – trouxe mais uma vez à tona a promiscuidade do poder com seus "amigos". Perpetuava, assim, os poderes tradicionais, reproduzindo os mecanismos da Velha Economia.

Depois de toda essa saga, os números mostram que somos um dos países mais fechados do mundo. De acordo com o *World Development Indicators*[5] do Banco Mundial, tomando a média entre 2012 e 2017, a soma das importações e exportações do Brasil representou apenas 25% do Produto Interno Bruto do país. No placar comparativo com economias com mais de 30 milhões de habitantes, ficamos à frente apenas do Sudão. Já no universo das dez maiores economias globais, o descompasso fica claro. Os quatro países com o maior PIB – Estados Unidos, China, Japão e Alemanha – ocupam também as quatro primeiras posições no fluxo de comércio internacional; o Brasil, que atualmente é a 13ª economia do mundo (era a 9ª na época do estudo), está em 25º lugar nesse ranking. Mais: entre os emergentes – que incluem Rússia, China, Coreia do Sul e México –, somos quem tem a tarifa de importação mais alta. A surra não acaba. Em 2020, o índice *Doing Business*,[6] também elaborado pelo Banco Mundial, nos coloca em 124º num ranking de 190 países na eficiência do comércio exterior. No *Global Competitiveness Report* do Fórum Econômico Mundial,[7] o Brasil come poeira na 125ª colocação entre 141 países no tópico abertura para o comércio.

O anuário 2021 do World Competitiveness Center,[8] da escola de negócios suíça IMD, foi direto na ferida. Entre 64 economias avaliadas em 2021, o Brasil estava em 57º no quadro geral. No cenário competitivo, nosso melhor desempenho era em preços (28º). Em educação, amargamos nada menos que a lanterna (64º), mesma posição das contas públicas. Na zona do rebaixamento: emprego (59º); e legislação comercial (59º); além de estruturas institucionais (61º) e sociais (64º), estas últimas evidenciando a quantas andam as desigualdades sociais, de raça e de gênero – que são marcadores também do nosso arcaísmo econômico. No boletim de notas vermelhas, seguem-se infraestrutura (52º), performance econômica (51º) e eficiência governamental (62º).

Nesse último item, frequentamos a penúltima ou a última posição desde 2016 – em 2021, só estivemos à frente da Argentina e da Venezuela. Nenhuma surpresa, considerando que chegamos aqui cultivando nossos elefantes brancos, apesar das privatizações promovidas nos anos 1990, especialmente nas telecomunicações. Um levantamento feito em 2018 pelo Observatório das Estatais da Escola de Economia da Fundação Getulio Vargas mostrava o Brasil com mais de quatrocentas empresas direta ou indiretamente controladas pelo Estado brasileiro.[9] Na comparação com os 36 países que integram a Organização para a Cooperação e Desenvolvimento Econômico (OCDE), estamos na liderança, à frente no ranking, de uma série de países com um passado de economia planificada, socialista: Hungria (com 370 empresas), República Tcheca (133), Lituânia (128) e Polônia (126). Em outra parte da tabela estão países como Alemanha (71), Canadá (47), Reino Unido (16), Japão (8) e Suíça (4).

Esses números espelham uma constrangedora situação em muito provocada por empresários que adotam práticas duvidosas. Os Estados Unidos viveram isso e, como já mencionei antes, até cunharam a expressão "barão ladrão" para designar os poderosos do século XIX que utilizavam métodos inescrupulosos. Eles derrubavam o mercado oferecendo produtos com preços extremamente baixos para acabar com a concorrência e cobrar além do justo depois de conseguir o monopólio. Mas os norte-americanos resolveram essa questão lá atrás. No Brasil, nossos "barões ladrões" seguiram enriquecendo sem nenhum freio.

Como num *looping* infinito, os marcos da Velha Economia entrelaçam os mesmos fatores: privilégios para poucos, ineficiência, desigualdade social, falta de competitividade, concentração de mercado e democracia imperfeita.

NOVA ECONOMIA

Entretanto, avancemos sem desânimo. Em que pese a força das resistências centenárias locais, a globalização trouxe novos valores que pouco a pouco vão se impondo, desafiando a ordem das coisas antes tidas como naturais. E a Nova Economia deve lançar as bases de um novo Brasil, inaugurando novos poderes, superando todos os valores que nos mantêm ultrapassados.

COMO NUM *LOOPING* INFINITO, OS **MARCOS DA VELHA ECONOMIA** ENTRELAÇAM OS MESMOS FATORES: PRIVILÉGIOS PARA POUCOS, INEFICIÊNCIA, DESIGUALDADE SOCIAL, FALTA DE COMPETITIVIDADE, CONCENTRAÇÃO DE MERCADO E **DEMOCRACIA IMPERFEITA**.

CAPÍTULO 3

ASCENSÃO DE NOVOS PODERES

Todo mundo que diz "esta geração é cheia de mimimi" me faz constatar que as pessoas, com o passar dos anos, perdem a capacidade de compreender as tendências do futuro. É assim que descubro a idade (de espírito) de quem fala baboseiras como essas.

Com um diploma de Física na Queen's College de Oxford, Tim Berners-Lee desembarcou na Suíça em junho de 1980 para um trabalho de seis meses no CERN, atual Organização Europeia para a Pesquisa Nuclear. Hoje, o laboratório abriga o Grande Colisor de Hádrons, gigantesco colisor de partículas responsável por feitos como a confirmação do bóson de Higgs, que era, até outro dia, uma espécie de Santo Graal da Física Quântica. A pesquisa em nível subatômico do CERN, ontem como hoje, exige uma capacidade extraordinária de armazenagem, processamento e compartilhamento de dados. Foi nesse ambiente que Tim, então com 25 anos, escreveu um programa para armazenar informação de um jeito inovador. Foi batizado de Enquire e servia para que Berners-Lee lidasse com sua necessidade de armazenar e acessar dados. Na estrutura criada, chamada de "associativa", diferentes tópicos – cientistas, publicações, ideias, programas – poderiam ser interligados e integrados de muitas maneiras, rompendo com o modelo da indexação tradicional de banco de dados. Se antes os tópicos eram ordenados de cima para baixo, o sistema de hipertexto os conectava em uma "teia". Tratava-se de estabelecer conexões, não hierarquias, entre pessoas e documentos. Foi a partir desse conceito que, ali mesmo no CERN, Tim Berners-Lee bolou a *World Wide Web*.

O sistema de hipertexto era uma ideia antiga, mas com pouca aplicação prática em decorrência de limitações tecnológicas das épocas em que foi pensado. Com a estrutura física da internet já instalada, entretanto, Tim pôde fazer de sua interface peça-chave na evolução tecnológica e também o vetor de uma revolução cultural, em que antigos paradigmas – como os que sustentavam a Velha Economia – cediam lugar a novos valores, justamente aqueles que vão caracterizar a Nova Economia. Em vez da escada, teia: saem a autoridade central, a rigidez das tabelas, a narrativa linear; entram a troca de informação, o dinamismo, a não linearidade. Em muitos sentidos, a web se transformou na linguagem do mundo globalizado, de troca e de relações horizontais, assentada em uma sociedade integrada e em rede.

É uma transformação dramática, e suas consequências ainda estão em curso. Joshua Cooper Ramo se detêve sobre essa ruptura no livro *The Seventh Sense: Power, Fortune, and Survival in the Age of Networks*.[1] Ele lembra que, na passagem do século XIX para o XX, o filósofo alemão Friedrich Nietzsche sugeriu que a humanidade precisava desenvolver um "sétimo sentido" para lidar, então, com as bruscas transformações advindas da Revolução Industrial. Era o *fin-de-siècle*, o declínio dos velhos poderes e uma nova ordem social a caminho. Mas a incapacidade de desenvolver esse novo e necessário sentido, segundo ele, resultaria em tragédia – o que as duas guerras mundiais e outros abalos históricos parecem corroborar.

De maneira análoga a esse movimento pós-industrial, Cooper Ramo vislumbra a emergência de uma "nova paisagem de poder" produzida pela sociedade conectada. **A internet, somada ao *cloud* e às APIs, criou uma nova ordem. A qualidade das telecomunicações e as redes sociais deram amplitude à voz das pessoas; antes, essa voz era limitada basicamente a quem tinha acesso à academia ou à mídia.** Hoje, quem tem bom conteúdo pode fazer sua mensagem circular via rede a partir de seu smartphone. Aquele oligopólio de poder chamar

NOVA ECONOMIA

a atenção para um tema qualquer, até então apenas nas mãos dos meios de comunicação de massa, foi destruído. É uma mudança estrutural na maneira pela qual o poder se organiza, e a principal é esta: todo ser humano com acesso à rede tem a possibilidade de adquirir poder a partir de sua expressão na rede.

Por que muitas pessoas negam essa transformação? A psicologia explica. O cérebro humano tem como característica idealizar o passado, aumentando a relevância das situações boas em detrimento das ruins, é o que chamamos de nostalgia. Esse mecanismo funciona, por exemplo, com as mães. Apesar de todo o sofrimento com o processo da maternidade, a mãe "esquece" as dores e os medos e fixa as memórias positivas do nascimento de um filho. Da mesma forma, nossas lembranças também são distorcidas porque as referências do presente são diferentes das vividas no passado. O nível de exigência é outro, por isso aquela música boba da infância parecia o máximo. Curiosidade: na década de 1990, o empresariado em geral acreditava que a internet seria utilizada apenas por cientistas e pesquisadores, pois era considerada de difícil compreensão e insegura; logo, com pouco valor no mundo dos negócios.

Cooper Ramo não perdeu de vista os riscos de uma transformação tão radical, que seriam crias da própria globalização. No nosso desenho atual do mundo em rede, assistimos a um enredo de manipulações, ameaças à privacidade, disseminação coordenada de *fake news*, bem como (*cyber*) terrorismo, crises de refugiados, extremismo político, crises financeiras globais e epidemias se alastrando com mais frequência e com maior velocidade. Mas sua análise comparativa com a história contempla também forças como o Iluminismo e a revolução científica, que deixaram para trás a "era dos reis e senhores feudais", com a inauguração da moderna democracia e a melhora na qualidade de vida no Ocidente. O urbanista e ensaísta francês Paul Virilio dá a deixa para a dialética da coisa toda: "Quando você inventa o navio, inventa também o naufrágio; quando inventa o avião, também inventa o desastre de avião".

Conectados ou enredados, para o bem ou para o mal, vivemos uma era em que poderes que operam em uma estrutura hierárquica – de cima para baixo, fechada e às vezes monolítica – estão sendo contestados. Estados nacionais, antigas corporações empresariais, universidades, grupos de mídia... No caso do Brasil, por exemplo, os valores nascidos da integração global e das redes colocam em xeque toda a tradição de favorecimento político, todos os privilégios das antigas elites, toda a sedução irresistível dos oligopólios que pontuam nossa história do começo ao fim. Guiada por esses valores, a Nova Economia é um desafio ao *statu quo* e, ao mesmo tempo, a potencial solução de seus vícios.

A VOZ DA SOCIEDADE EM REDE

A estrutura dinâmica da Nova Economia não é só – preciso reiterar – um triunfo tecnológico, é também uma revolução de comportamento, como sinalizava lá atrás a interface concebida nas dependências do CERN. A web tende a ser um sistema aberto e democrático. São esses valores que representam um enfrentamento aos velhos poderes, num processo que, tal qual a globalização, se estende por todas as áreas da vida.

No mesmo passo das mudanças econômicas e políticas que se iniciam nos anos 1950, grupos marginalizados e minoritários iniciaram suas lutas; em ligação direta com eles, a sociedade em rede abriu canais para discursos que antes não tinham voz. A Nova Economia, e isto é fundamental entender, é conceitualmente incompatível com o machismo, o racismo, a xenofobia e a intolerância de qualquer natureza. Porque só pessoas diversas são capazes de entender uma sociedade diversa. Esse é um senhor desafio para o Brasil e suas entranhas de desigualdade. Nossa história – autoritária e elitista – explica por que, aqui, homens brancos, heterossexuais e de classe média ou alta (como eu) sempre tiveram as melhores condições de alcançar o sucesso. Com um pouco de esforço, um pouco de trabalho, um pouco de oportunidade, pessoas com essas características sempre conseguiam chegar lá. Sempre. É o reflexo no varejo da história em que poucos têm poder, da época colonial à republicana. É a lógica do Estado tomado como patrimônio privado, dos oligopólios construídos sobre privilégios. Foi com esse *mindset* coletivo, digamos assim, que a nossa Velha Economia foi construída, a mesma que colocou o Brasil nas últimas posições do mundo em abertura econômica, competitividade, eficiência e distribuição de renda.

NOVA ECONOMIA

Há trinta anos, as oportunidades para nossos pais e avós eram ínfimas, e é por isso que a maioria deles investiu a vida inteira em carreiras em empresas; se por acaso empreenderam, a maioria foi em negócios pequenos, sem grandes ambições. Havia uma cultura do medo, identificada na aceitação da estrutura vertical e hierárquica que jamais poderia ser afrontada. O que estava em jogo eram as ideias de estabilidade, benefícios definidos. Não preciso nem repetir como essa cultura impactava ainda mais quem sempre esteve distante dos círculos do rei ou dos espaços de privilégio de cor, gênero e orientação sexual. Hoje, com a integração global e a sociedade em rede (além de um empurrãozinho da queda da taxa média de desemprego na primeira década do século XXI), os brasileiros começaram a perder o medo de arriscar. Eram os poderes tradicionais que levavam nossos pais e avós a repetir sempre "trabalhe em uma empresa grande", "é vantajoso ser funcionário público" e "não reclame do seu chefe, você tem um emprego".

==A Nova Economia muda tudo. Ela é a guinada do Brasil rumo a seu novo papel no mundo. A competitividade sem apadrinhamento, a integração verdadeira nas cadeias de valor globais e as eficiências gerencial e tecnológica são metas obrigatórias a partir de agora para as empresas que queiram sobreviver neste cenário irreversível.== É assim que – como resultado final dessa grande equação – os novos caminhos do empreendedorismo vêm se abrindo. Quando ninguém é mais que ninguém e qualquer um pode atingir o sucesso independentemente de sua identidade, origem e condição social, o que vale são as ideias. As empresas que nascem daí perseguem fundamentalmente uma boa ideia. As ferramentas tecnológicas estão ficando acessíveis, e os fatores necessários para criar as condições econômicas que permitem que elas fiquem de pé e prosperem estão aí. Na Nova Economia, quem for capaz de gerar uma boa ideia e colocá-la em prática (e, se errar, reagir rápido) é quem vai criar os próximos iFood, 99, Stone, Nubank, Gympass etc. Evidentemente não é uma jornada simples, já que 25% das startups morrem em até 1 ano e 75% não chegam a 13 anos.[2]

Hoje, é acessível para qualquer garota ou garoto, com uma boa ideia, contatar um desenvolvedor em qualquer parte do mundo – seja em Israel, Portugal, Índia, Coreia do Sul, Estados Unidos ou Brasil – para colocar esse projeto de pé. Essa é uma das grandes consequências práticas da integração

ASCENSÃO DE NOVOS PODERES

promovida pela globalização, evolução da tecnologia e consequente redução de barreiras. **Na sociedade conectada, qualquer leigo que tenha acesso ao LinkedIn tem a possibilidade de encontrar alguém com capacidade técnica para desenformar sua ideia, circunstância que democratiza como nunca o empreendedorismo.** A complexidade de produzir e vender para outros países também já vai sendo superada. O mundo está chegando ao estágio em que uma mercadoria pode ser impressa em 3D em vários lugares, sem a necessidade de fábricas instaladas em todo canto. Já parou para pensar que hoje não é necessário produzir Lego numa dessas fábricas? Que hoje poderíamos comprar apenas o projeto, o desenho, e imprimir as peças em casa, com uma impressora 3D?

Contudo, este não é, como vimos, um mundo de fácil aceitação. A Nova Economia é combativa, demanda um nível de discussão de que nem todo mundo gosta. Empresas da Velha Economia certamente não gostam. É a resistência à derrubada das barreiras de proteção, mas também a reação humana a uma economia mais incerta, com menos garantias formais e sem a ilusão de estabilidade. Quem não desenvolver o "sétimo sentido" de Cooper Ramo ficará pelo caminho. Estamos, ele escreve,

> nos primeiros estágios de uma mudança que promete ter mais consequências que aquela que iluminou e industrializou nosso mundo ao longo de vários séculos após a Idade das Trevas. A natureza dessa mudança envolve fundamentalmente uma mudança de poder. Pessoas e ideias que prosperaram no passado podem não se dar tão bem no futuro. E ideias que surgem do nada, que parecem surpreendentes, impossíveis e difíceis de acreditar, podem incendiar pessoas que jamais imaginaríamos que pudessem controlar nosso futuro.

No Brasil, os grandes empresários do passado eram acumuladores de riquezas que os tornavam rentistas ou criadores de conglomerados. Mantinham o foco em um único negócio, aniquilavam a concorrência lançando mão de

NOVA ECONOMIA

força econômica e, ao dominar o mercado, definiam as regras sem enfrentar nenhum tipo de pressão relacionada à qualidade dos serviços oferecidos. Outra forte característica era a dependência do Estado, tanto para impor barreiras de entrada, como para conseguir socorro. Exemplos são os recursos públicos injetados na Sadia e na Aracruz após prejuízos em operações especulativas no mercado de derivativos*. Por fim, à medida que as famílias tradicionais, geração após geração, aumentam o número de integrantes dependentes do negócio, uma quantidade maior de pessoas divide o bolo proveniente, exigindo que mais lucro seja distribuído em detrimento do reinvestimento em inovação.

Na ponta oposta, o empreendedor da Nova Economia acumula riquezas (sem dúvida!), mas reverte grande parte ao desenvolvimento de novas ideias que estimulam ainda mais a tecnologia proprietária. Ele supera os desafios a partir de uma lógica privada, sem a necessidade de socorro do governo, e usa os recursos obtidos em um projeto de sucesso para financiar os novos. O desafio é encontrar a próxima disrupção, movimentando com isso toda a cadeia produtiva. Exemplos não faltam. Paulo Veras, cofundador do aplicativo de transportes 99, é um deles. Depois de fazer história com o primeiro unicórnio brasileiro, o empresário se tornou investidor-anjo e mentor de várias startups – de uma *foodtech* que produz hambúrgueres feitos de ervilha até iniciativas nas áreas de saúde, logística e sistemas. Ariel Lambert, também da 99, é outro que tem vários investimentos em novas startups. O fundo Canary, mais um (e a grande maioria de seus cotistas é fundadora de outras startups). E não são só brasileiros. A competição é tão aberta que os estrangeiros estão vindo para o país. A Loggi, por exemplo, foi fundada por um francês, Fabien Mendez, e começou a operar no Brasil em 2013; o Nubank, também de 2013, foi criado pelo colombiano David Vélez. O mesmo se deu com a frete.com (Federico Vega, argentino), Amaro (Dominique Oliver, suíço), Creditas (Sergio Furio, espanhol) e Loft (Mate Pencz, húngaro, e Florian Hagenbuch, alemão).

---

* Durante a crise financeira global que se iniciou em 2008, o Estado brasileiro utilizou seus recursos para socorrer grandes empresas não financeiras e bancos que sofreram crises de liquidez no período. Parte das companhias socorridas teve problemas oriundos de má gestão, e não apenas da crise.

ASCENSÃO DE NOVOS PODERES

Todos estão atrás da próxima grande ideia que mudará o país. Serão milionários, sem dúvida. Mas seu dinheiro não trabalhará para o paraíso dos rentistas e dos conglomerados.

==Pela primeira vez, o Brasil tem uma geração sólida de grandes empreendedores com o "campo de realidade distorcida" (em inglês, *reality distortion field*).== Esse termo ficou famoso após um dos executivos da Apple usá-lo para descrever a capacidade de Steve Jobs de enxergar além dos limites da época e como isso influenciou os desenvolvedores que trabalharam no projeto Macintosh. O termo veio da série *Star Trek*, no episódio *The Menagerie*, quando foi usado para descrever como alguns alienígenas criavam o próprio novo mundo por meio da força mental. No Brasil, estamos vivenciando uma geração de empreendedores com capacidade para persuadir outros a acreditar em algo que pareceria impossível. Esses empreendedores têm criado "campos de realidade distorcida", reconhecendo que o que estão fazendo é correto e importante. Ou seja, eles contextualizam, empoderam e apoiam seus times a perceber uma visão para então cumprir o que se propuseram a realizar. As empresas da Nova Economia acreditam a ponto de tomar o objetivo como fato, vivendo, portanto, em um campo de realidade distorcida.

==O novo empreendedor sabe que não é o mero gasto em tecnologia que garante o sucesso. Justamente porque estamos falando de uma revolução cultural e de comportamento, a diferença acontece também no investimento em pessoas e modelos de gestão.== Em 2002, um estudo da McKinsey Global Institute (MGI)[3] analisou a relação de produtividade com os gastos e uso em TI em vinte setores distribuídos entre Estados Unidos, França e Alemanha. Naquele momento, o setor de tecnologia vivia um grande refluxo em razão do estouro da bolha da internet no fim da década de 1990, e era importante identificar as razões do tombo para projetar a recuperação. Os resultados revelaram que aquela primeira onda da Nova Economia era, naturalmente, ligada ao advento da internet e às ferramentas que ela disponibilizou. Mas o que a impulsionou de fato foi a "intensificação da competição e da inovação gerencial".

Em artigo publicado em 2003 na *Harvard Business Review* sobre o estudo, Diana Farrell[4] avaliou que foram os "produtos, práticas de negócios

NOVA ECONOMIA

e tecnologia" em conjunto que levaram aos ganhos de produtividade. "Na verdade", ela escreve,

> uma dinâmica importante da Nova Economia [...] é o ciclo virtuoso de competição, inovação e crescimento da produtividade. A competição acirrada estimula a inovação, tanto em tecnologia como em processos de negócios. Essas inovações se espalharam rapidamente, melhorando a produtividade em todo o setor. À medida que a produtividade aumenta, a competição se intensifica ainda mais, trazendo uma nova onda de inovação.

A crise que culminou com o *crash* da Nasdaq em 2000 fechou umas tantas pontocom e achatou empresas, como, por exemplo, a AOL e o Yahoo. Mas, décadas depois das experiências pioneiras de William Shockley e Robert Noyce no Vale do Silício, a cultura de inovação por eles inaugurada manteve a região da Califórnia como ponta de lança da Nova Economia. Em um texto de 2016, Heitor Martins e Yran Dias, sócios da McKinsey Company, refletiram sobre as lições que o Vale pode dar às empresas brasileiras da Nova Economia. "O que sobressaiu para nós foi a determinação diária de ver algo ter sucesso apesar do quase constante risco de falha", afirmam.[5] Eles destacam ainda a atração de talentos, a aposta na motivação dos times por meio da concessão de mais autonomia para decidir e ser criativos. Enfatizam que a "ousadia" e a "velocidade" são importantes, mas não garantia de sucesso. "[...] Essa corrida tem de ser direcionada. Do contrário, velocidade por si só pode levar empresas rapidamente para a direção errada".

CONFLITO CRIATIVO

Avançando na cultura da Nova Economia. Ao que parece, tecnologia, inovação, velocidade e ousadia são essenciais, mas isoladas não bastam. Os processos nem sempre são claros, e a única clareza é que a resposta aos problemas tem

ASCENSÃO DE NOVOS PODERES

de ser ágil. Por isso, empresas inovadoras precisam também de excelência operacional e base gerencial sólida – mas flexível. ==São as chamadas *empresas ambidestras*, que encaram a tensão entre investir no desenvolvimento de um produto potencialmente disruptivo e resolver os problemas urgentes de seu negócio principal. A ideia é promover um estado de conflito criativo permanente, criando condições objetivas para a inovação não sair perdendo na hora de direcionar os investimentos, especialmente em tempos de crise.== Esse é o caminho, a propósito, que pode levar marcas consolidadas no passado a ingressar no futuro. E é também a aposta em eficiência de empresas da Nova Economia que adotam processos, mas, quando percebem que eles se mostram lentos ou falhos, usam o pensamento crítico para encontrar novas formas de fazer as coisas.

Políticas e processos precisam de um motivo para existir. Ao longo da história, as empresas criaram muitos controles para evitar perdas. Desde as muito relevantes, que abalam a liquidez da empresa, até as mais insignificantes. Por que controlar o reembolso de despesa de uma pessoa contratada para gerir milhões? Na prática, é porque os gestores não confiam em quem ali trabalha. Ambientes assim precisam de redes de segurança para proteger tudo, ainda que boa parte desse tudo não seja nada importante. Quando o time é formado pelas pessoas certas com bom senso e compreensão dos valores, o que é menor deixa de ser fiscalizado. Claro que alguns processos são mantidos porque há questões complexas que exigem decisões conjuntas, mas políticas em excesso atrapalham a inovação e a agilidade.

==Para que a cultura da liberdade com responsabilidade se estabeleça, basta substituir políticas por princípios.== Exemplifico: no lugar de cinquenta páginas com a descrição detalhada de todas as regras de compras (você realmente leu as da sua empresa?), as empresas da Nova Economia precisam de apenas uma, com os seguintes conceitos:

- ==O valor é pouco expressivo, não coloca a empresa em risco e você tem capacidade técnica para tomar a decisão: vá em frente e compre de modo descentralizado;==
- ==O valor é expressivo, mas não coloca a empresa em risco e você tem capacidade técnica: vá em frente, compre de maneira descentralizada,==

NOVA ECONOMIA

- mas discuta com alguém ao seu lado para ter certeza de que está negociando da melhor forma possível;
- O valor não coloca a empresa em risco, mas você não tem capacidade técnica: peça ajuda ao time de compras;
- O valor coloca a empresa em risco: você deve, obrigatoriamente, dividir a decisão com o time de compras.

Empresas da Nova Economia vivem em ambientes competitivos e repletos de surpresas. Dessa forma, é mandatório que o time adote a independência na prática, não no discurso, pois o que separa um resultado medíocre de um excepcional é a possibilidade de o colaborador gerenciar riscos por conta própria, o que não acontece quando sua obrigação é apenas entregar resultado. Resultado é importante, mas cabe ao líder contextualizar até onde é possível chegar na busca pelo resultado excepcional.

Nesse contexto, a empresa ganha velocidade e ainda sinaliza a todos que aceita falhas. Steve Jobs disse um dia que não faz sentido contratar pessoas inteligentes e dizer o que elas devem fazer.[6] Na Apple, pessoas inteligentes eram contratadas para que elas dissessem o que deveria ser feito. Porém, essa lógica toda só se torna possível quando se tem meritocracia de ideias e transparência, atributos que merecem, literalmente, um capítulo à parte.

SÓ PESSOAS DIVERSAS SÃO CAPAZES DE ENTENDER UMA SOCIEDADE DIVERSA.

CAPÍTULO 4

ANTIFRÁGIL: MERITOCRACIA DE IDEIAS E TRANSPARÊNCIA

Na Nova Economia, existe um sentimento apenas: excitação. Na Velha Economia, há contemplação.

Adaptação é a palavra-chave dos novos negócios. Quem quer sobreviver hoje precisa falar essa língua, porque a única certeza que se tem é de que amanhã tudo estará diferente. Com a globalização e todos os seus efeitos discutidos largamente nos capítulos anteriores, as empresas passaram a operar com fornecedores, parceiros e clientes em ambientes extremamente mutáveis. É o mundo B.A.N.I. – sigla usada para explicar as características de nosso tempo: *Brittle* (Frágil), *Anxious* (Ansioso), *Nonlinear* (Não linear) e *Incomprehensible* (Incompreensível) –, cenário que exige velocidade de reação e inteligência para lidar com questões de múltiplas respostas. Basta ver a lista de corporações icônicas que desapareceram nos últimos anos ou foram reduzidas a nada quando comparadas com sua história na Velha Economia. Kodak, Blackberry, Blockbuster e muitas outras que ruíram por falta de compreensão dos atributos da Nova Economia. Vale também lembrar nomes que se tornaram relevantes recentemente, mas que parecem ter perdido espaço após se destacarem na Nova Economia, como eBay e Yahoo.

ANTIFRÁGIL: MERITOCRACIA DE IDEIAS E TRANSPARÊNCIA

A expectativa média de vida de uma empresa no S&P 500 – índice que congrega as maiores ações (por valor) das Bolsas norte-americanas – diminuiu em mais de cinquenta anos no último século. O levantamento[1] foi feito pelo professor da Universidade de Yale, Richard Foster, e por Sarah Kaplan, pesquisadora do MIT, e indica que o ciclo de nascimento e morte das organizações está cada vez mais veloz. Enquanto a tecnologia varre quem não consegue acompanhar o ritmo, negócios escaláveis alcançam em meses números que antes exigiam décadas. Soma-se a essa imponderabilidade a entrada no mercado de trabalho de uma geração cada vez mais participativa, com grandes aspirações e questionamentos sociais, políticos e ambientais que pareciam secundários às gerações anteriores. A economia não é a mesma, muito menos a força de trabalho ou o perfil de consumidores. Não há escolha: já não é possível seguir os modelos do passado.

Empreendedores de verdade reconhecem que o caminho para o sucesso tem muito mais voltas do que o previsto no plano de negócios. Para começar, é preciso tirar da frente algumas ideias que não dão conta da nova realidade. Acreditar que a tempestade não afeta quem está firmemente alicerçado ao chão ficou para trás. Também não se trata de envergar para esperar o vento passar. É preciso aprender com a chuva – e não esperar que ela passe. Em outras palavras, expor-se a um processo de transformação brutal, aproveitando-o para se tornar melhor.

Adentramos no universo da antifragilidade. Cabe bem aqui a palavra "evoluir", tal como usada na biologia, no sentido de mudar as características de um organismo, viabilizando assim sua sobrevivência. O conceito de antifragilidade é do líbano-americano Nassim Nicholas Taleb,[2] matemático de formação, professor universitário e *trader* de opções que se tornou conhecido internacionalmente por defender a tese de que a volatilidade, a incerteza e a desordem dos novos tempos são fatores que, se devidamente aproveitados, podem tornar mais fortes pessoas e organizações – pela simples razão de que criam capacidade de adaptação às mudanças, como acontece na natureza com os seres vivos. Seus vários livros sobre o assunto se tornaram best-sellers mundiais.

Taleb, hoje talvez a maior autoridade em gestão de risco no planeta, é categórico ao afirmar que enquanto a maioria é obcecada em eliminar a volatilidade – por mais contraditório que seja, uma vez que só é possível explorar a incerteza com tentativa

NOVA ECONOMIA

e erro –, poucos são os que estão dispostos a encarar o desafio de ganhar dinheiro com os erros que cometem. Um grande exemplo é o que ocorre na indústria farmacêutica. Dos milhares de medicamentos consumidos no planeta, poucos são destinados unicamente à finalidade para a qual foram criados. Desde sempre, o setor aprendeu a investigar as possibilidades dos efeitos colaterais. A aspirina, por exemplo, usada contra febre e dor, hoje também é amplamente empregada para evitar coágulos sanguíneos. Até uma droga terrível como a talidomida – que produziu um dos maiores acidentes médicos da história – foi reabilitada e atualmente é recomendada no tratamento de doenças como hanseníase, câncer de medula e lúpus.

A jornada de aprendizagem requer insistência – fator fundamental no universo antifrágil. Quanto mais erros, maiores os choques e, consequentemente, o conhecimento acumulado. Sem um ambiente de constante experimentação e trabalho incansável para tentar resolver um problema, uma organização pode até fazer belos discursos sobre seu arrojo e sua agilidade, mas simplesmente não se torna antifrágil. É preciso ter uma direção, mas criar alternativas para agarrar oportunidades quando elas surgem. Exatamente o contrário do que fez a Blockbuster, que já dominou o setor de entretenimento em todo o mundo provendo aluguel de filmes e games. Criada nos EUA em 1985, a empresa tinha mais de 9 mil lojas espalhadas pelos cinco continentes no início dos anos 2000, quando a Netflix ainda engatinhava. Reed Hastings,[3] fundador desta última, foi à sede da então gigante global para convencer a direção a lhe pagar 50 milhões de dólares por sua empresa, endividada em 57 milhões de dólares na ocasião. O desfecho da história todos sabemos. Ele recebeu um não. A Blockbuster pediu concordata em 2010. A Netflix hoje vale bilhões de dólares.

A Blockbuster criou um modelo de negócio que gerou o desaparecimento de inúmeras pequenas empresas familiares e se impôs como a número um do setor por quase duas décadas graças a inovações que inicialmente cativaram o consumidor e assim se alicerçou. Manteve ao longo do tempo, no entanto, o paradigma muito rígido em relação a ida às lojas para a retirada dos itens, às datas de devolução e às multas inegociáveis caso os prazos não fossem cumpridos. Ou seja: a empresa não se importou genuinamente com o nível de serviço, apenas impôs regras. Foi nessa brecha que a Netflix enxergou uma oportunidade e passou a

ANTIFRÁGIL: MERITOCRACIA DE IDEIAS E TRANSPARÊNCIA

enviar filmes para a casa do cliente mediante o pagamento de uma taxa mensal. Nada de datas fixas nem de multas. Bastava entrar no site, escolher o filme desejado e garantir a diversão. Assim a ventania passou – e o alicerce, antes firme, ruiu.

A trajetória da Netflix ilustra outra lição: quando se quer uma carona para o futuro, não é mandatório tentar predizer o que virá, pois pode-se escolher algo que teria sido interessante no passado e continua despertando interesse hoje. Assistir a filmes e séries em casa sem precisar se preocupar em ir buscá-los ou devolvê-los é um exemplo. Com essa receita, em 2006, nove anos depois de ser fundada, a Netflix tinha 5 milhões de clientes. O propósito de oferecer ainda maior comodidade aos assinantes, no entanto, continuava a mobilizar a companhia. A grande virada veio daí. O serviço de *streaming* da Netflix foi lançado em 2007. E aqui dois detalhes fundamentais: a Amazon foi a primeira a oferecer acesso imediato a conteúdos, dispensando o cliente de solicitar o filme e esperar os correios entregá-lo. A Netflix, contudo, percebeu o potencial da ideia e, ainda que não tenha vindo dela, correu atrás e implementou o serviço (embora, na ocasião, a venda de DVDs respondesse por 95% da receita da empresa). Naquele ano, faturou 302 milhões de dólares – quase 10% mais que no ano anterior – e tinha 7,5 milhões de assinantes de seu serviço de entrega de DVDs pelos correios. Mesmo assim, não se acomodou. Fez o que a teoria de Taleb preconizaria tempos depois para as organizações antifrágeis: planos de negócios não podem engessar ninguém. Mesmo que estejam dando muito certo.

Ter valor exige que não se perca o foco em gerar soluções. Embora muitas empresas nasçam oferecendo produtos ou serviços que atendem a uma demanda de massa que foram as primeiras a identificar, a concorrência desperta rapidamente. Todo mundo aprende, e o novo pode surgir a qualquer momento, de qualquer lugar ou pessoa. É preciso assimilar a lição de Taleb: as organizações devem responder aos agentes que a pressionam, tal como os organismos vivos, que, se poupados de estresse, atrofiam. Se alguém quer ser mais forte, precisa expor seu sistema muscular ao estresse contínuo.

Essa é a verdadeira mudança: a Nova Economia rompe com paradigmas relacionados não apenas ao tipo de negócio, mas também, fundamentalmente, à forma como eles são administrados. Não há espaço para deliberações a partir

NOVA ECONOMIA

da ótica unilateral de um gestor. Não há tempo para falsos elogios e para se enganar com produtos que não atendem à real necessidade dos clientes. Risco, falha, transparência radical, inovação e sucesso andam juntos. Por isso, o que se impõe é a melhor ideia, aquela que surge depois de sucessivas discussões em busca de soluções. Transparência é fundamental para a agilidade, e tempo é crucial para os negócios na Nova Economia. As pessoas podem – e devem – discordar profunda e diretamente. Uma vez tomada a decisão, no entanto, há o compromisso de todos em segui-la. Como isso é possível? Meritocracia de ideias e transparência, dois pilares que sustentam a condução de equipes alinhadas com a modernidade.

MUNDO PÓS-MERITOCRÁTICO

O conceito de meritocracia não é novo. A palavra foi aplicada pelo sociólogo inglês Michael Young em uma ficção distópica escrita em 1958 – *A ascensão da meritocracia* –[4] para designar um sistema no qual quem performa melhor prospera mais. Quando comparada às restritivas estruturas sociais do passado, nas quais os laços familiares e sociais eram diretamente determinantes para os resultados, a meritocracia era considerada um avanço. Nas últimas décadas, à medida que essas estruturas tradicionais de classe começaram a entrar em colapso, elas foram substituídas por um novo sistema educacional e profissional baseado em avaliações com notas, guiado de modo geral pela lógica do teste de QI*. Ou seja, a sociedade passou a filtrar de maneira mais justa, com critérios iguais e claros a todos, representando uma evolução positiva do sistema antes dominado pelo sobrenome. Entretanto, o livro de Young era uma obra de ficção e, na verdade, uma crítica ao poder pelo mérito, uma vez que é normalmente advindo de condições privilegiadas.

A visão tradicional do termo enquadra o desempenho de alguém a partir de seu talento e esforço, sem levar em conta que alguns carregam habilidades oriundas de condições de vida mais favoráveis e por isso têm melhores chances que os demais quando todos são expostos a oportunidades iguais. Em outras palavras, quanto maior o acesso, desde cedo, a uma gama de ferramentas sociais e educacionais,

---

* O teste de QI (Quociente de Inteligência) estabelece uma escala para permitir a avaliação e comparação das capacidades cognitivas (inteligência) de diferentes pessoas.

ANTIFRÁGIL: MERITOCRACIA DE IDEIAS E TRANSPARÊNCIA

maior a probabilidade de se destacar nas disputas, o que torna a ideia de justiça na promoção por mérito uma falácia. Para os que têm dificuldade em concordar com tal afirmação, seguem esses números do Fórum Econômico Mundial:[5] entre 82 países, o Brasil ocupa a 60ª posição no índice de mobilidade social**. Um brasileiro nascido no menor patamar de renda levaria nove gerações para chegar à renda média do país. Mesmo na Dinamarca, nação mais bem classificada na lista, essa ascensão social demoraria longas duas gerações.

O sistema meritocrático deu à educação, especialmente às universidades, o papel de árbitro das oportunidades na vida. Se o seu raciocínio foi rapidamente para a frase "mas isso é justo?", lembre-se de que dois terços dos brasileiros não têm curso superior e o terço que possui divide-se entre faculdades consideradas "boas" e "ruins". Quando colocamos "boa universidade" como requisito para uma vaga de emprego, por exemplo, estamos excluindo tanto os que não puderam chegar ao ensino superior (quase 70% da população brasileira) como os que conseguiram, porém em instituições menos conceituadas. Por eliminatória, selecionamos os que tiveram acesso à boa educação de base, sem falar em amparo mínimo familiar, social e econômico, o que faz com que voltemos a filtrar preponderantemente os oriundos de famílias afortunadas. Logo, a meritocracia acaba por beneficiar os privilegiados de sempre.

Além disso, a ênfase constante na ascensão individual por meio da educação superior traz um insulto implícito: se você não tiver um diploma universitário e não tiver prosperado, o fracasso é unicamente culpa sua. Essa crença de que o sucesso é resultado apenas do seu trabalho, relativizando a interferência do meio, torna mais difícil aos privilegiados se verem no lugar de outra pessoa.

Reconhecer privilégios que às vezes nem percebemos, como pertencer a uma família com estabilidade financeira, capaz de garantir alimentação de qualidade e apta a encorajar o estudo desde a infância, ou não ter de enfrentar a discriminação pela cor da pele, entre outras características, é um primeiro passo importante. Boa parcela da elite não consegue perceber que goza de vantagens decorrentes apenas do nascimento, e não de sua capacidade individual. É o que Michael Sandel,[6] filósofo

---

** Oportunidades que uma pessoa tem para melhorar ao longo da vida de acordo com as condições socioeconômicas de seu nascimento.

NOVA ECONOMIA

e professor de Harvard, chama de arrogância meritocrática. Humildade e empatia são necessárias para desafiá-la, bem como para continuar a ler este capítulo.

Muito já se falou sobre a vulnerabilidade da meritocracia – e é fato que a Velha Economia se valeu dela por um longo tempo para atribuir aos perdedores a culpa por não progredir, justificando – e perpetuando – as diferenças sociais. Entretanto, o mundo corporativo e a sociedade têm discutido qual deveria ser seu real significado, por isso é preciso entender que esse é um conceito em desenvolvimento. E a Nova Economia desponta como peça fundamental para a definição do mundo pós-meritocrático.

Em nossas carreiras, vivemos inúmeras situações em que as pessoas vistas por todos como as mais preparadas não são necessariamente as que oferecem as melhores ideias. Corrigir essa distorção é possível, desde que o foco seja voltado para a meritocracia de ideias: termo que enquadra o desempenho de alguém que tem aptidão para construir soluções de maneira colaborativa com outros. **A meritocracia de ideias é o contraponto ao fato de que alguns carregam habilidades oriundas de condições de vida mais favoráveis e por isso têm melhores chances de sucesso que os demais.** Trata-se de construir um ambiente em que vence sempre a melhor ideia, determinada por equipes recrutadas e desenvolvidas considerando as atitudes de seus integrantes e reduzindo o peso de atributos ligados a privilégios de vida. Evidentemente que ao falar de ideias também estamos falando de habilidades a elas associadas, como um comportamento ambidestro, força e foco. Vale a pena refletir por alguns minutos em quais situações as pessoas mais desenvolvem tais atributos – já adianto que não é sentado na sala de uma "boa" faculdade.

A meritocracia de ideias produz a melhor decisão possível a partir do raciocínio de todos, o que cria uma cultura que promove base segura, transparência radical, conforto para falar livremente e testar (*fail, but fail fast**). No artigo *The Power of an Idea Meritocracy*,[7] o professor Edward Hess, da Universidade de Nova York, escreve:

> A meritocracia de ideias valoriza a colaboração, não a competição; equipes, não indivíduos; exploração e debate construtivo baseado

---
* Em português: falhe, mas falhe rápido.

ANTIFRÁGIL: MERITOCRACIA DE IDEIAS E TRANSPARÊNCIA

em dados, não debates baseados em histórias; e aprender mais do que "saber". Organizações com meritocracia de ideias reconhecem que as melhores soluções vêm de equipes psicologicamente seguras, que estimulam a transparência, a mente aberta, a fala franca independentemente da posição, a escuta reflexiva e a crença no poder da inteligência coletiva.

Esse sistema constrói um ambiente em que as melhores soluções vencem, independentemente de quem as defenda. Logo, são premissas de um gestor a contratação e o desenvolvimento de pessoas com ótima capacidade de geração e construção colaborativa de ideias, não necessariamente as mais preparadas academicamente. Hess indica um caminho, propondo que uma organização seja composta por colaboradores que:

- **Não se definem pelo que ou quanto sabem, mas sim pela qualidade do pensamento, da escuta, do aprendizado, do relacionamento e da colaboração;**
- **Reconhecem que modelos mentais não são uma realidade, mas apenas histórias generalizadas de como o mundo funciona;**
- **Separem crenças (não os valores) do ego;**
- **Apresentem mente aberta e tratem as crenças (não os valores) como hipóteses a testar constantemente e sujeitas a modificações por melhores dados;**
- **Sabem que errar e falhar são momentos de aprendizagem.**

O norte-americano Ray Dalio, gestor do fundo de investimento Bridgewater, traz em seu livro *Princípios*[8] argumentos para a gestão por meritocracia de ideias. Ele descobriu o caminho depois de experimentar o fracasso. Quebrou porque, como ele mesmo conta, a arrogância o levou a cometer erros capitais. E a humilhação de falhar o obrigou a mudar de perspectiva: em vez de afirmar "Eu sei que estou certo", passou a se perguntar "Como sei que estou certo?". Eis a explicação de Ray para a importância da meritocracia de ideias:

NOVA ECONOMIA

> Eu precisava criar um ambiente em que todos tivessem o direito e a responsabilidade de compreender as coisas por si mesmos, de lutar abertamente por aquilo que achassem ser o melhor e onde vencesse o melhor pensamento. Eu precisava de uma meritocracia de ideias real, não sua versão teórica. Porque uma meritocracia de ideias – um sistema que reúne pensadores brilhantes e independentes e que permite que discordem de modo produtivo para chegar ao melhor pensamento coletivo possível, resolvendo desacordos de uma maneira ponderada pela credibilidade – terá um desempenho melhor do que qualquer outro sistema de tomada de decisões.

Como conseguir implementar essa nova visão da meritocracia é um dos grandes debates da atualidade no mundo corporativo. Ainda não existe um *framework*, apenas caminhos criados a partir da releitura do conceito. Sem o objetivo de criar tal *framework* neste livro, é possível dizer que participar dessa jornada implica fazer ajustes nos processos de recrutamento, pois são os principais responsáveis pela montagem de equipes diversas, capazes de agregar uma variedade de opiniões e equilibrar a balança entre privilegiados e desfavorecidos.

É comum a exigência de qualificações que se tornam barreiras e acabam conferindo, ainda que de maneira inconsciente, vantagem a quem teve uma vida melhor, e não necessariamente a quem tem ótimas ideias. Claro que formação acadêmica continua sendo importante para muitos cargos – tanto quanto outros tipos de qualificação específica. Mas não para todos os cargos. **O que se vê acontecer na Velha Economia é a exigência de um número cada vez maior de habilidades, independentemente do tipo de tarefa a ser executada. Isso elimina uma gama de colaboradores que talvez não tenham todos os atributos no currículo, mas poderiam desempenhar a função com excelência. Sem contar a possibilidade de aprendizado dentro da própria empresa.** Por exemplo, um jovem de 22 anos que não usará inicialmente o inglês em suas tarefas, mas possui ótima capacidade cognitiva geral, pode ser contratado e aprender a segunda língua paralelamente ao trabalho diário. Muitas empresas eliminam os candidatos que não têm fluência no inglês, mesmo que a vaga não necessite dessa competência inicialmente. **Para**

ANTIFRÁGIL: MERITOCRACIA DE IDEIAS E TRANSPARÊNCIA

==que a meritocracia de ideias se estabeleça, deve-se apostar mais na capacidade de aprendizado do candidato e em seu potencial de evolução diante dos desafios do que no currículo estrelado.==

Divido aqui um exemplo que deve ser a realidade de muitos leitores deste livro. Um dos maiores talentos do iFood não estudou em uma universidade considerada "top". Ao procurar estágio, encontrou muitas portas fechadas por causa da faculdade que cursava. Isso até conseguir uma entrevista com o executivo de uma grande corporação brasileira, negro, nascido em uma região de classe média baixa, como ela. Dias depois da conversa, ele ligou com a seguinte resposta: "O RH queria expressamente alguém da PUC ou da USP, mas eu gostei muito de você, da sua vontade de vir pra cá, e vou te dar essa chance". Essa oportunidade abriu uma porta que levou a outras, inclusive para trabalhar posteriormente em uma das empresas mais emblemáticas do mundo. A partir daí, ela conseguiu pagar pós-graduação e MBA, fez intercâmbio e teve experiências que eliminaram o peso da faculdade "não top" de seu currículo.

Uma alternativa ao recrutamento tradicional é a contratação aberta, que oferece oportunidade para pessoas muitas vezes esquecidas pelo mercado, como profissionais sem graduação ou simplesmente quem não têm experiência prévia. O sistema adotado pela The Body Shop[9] serve de exemplo. Em 2019, a empresa anunciou a contratação de pessoas para seu centro de distribuição. Não faria entrevistas, nem verificação de histórico, nem testes de drogas. Bastaria o candidato interessado responder a três perguntas: está autorizado a trabalhar nos EUA? Consegue trabalhar oito horas diárias? É capaz de levantar mais de 22 quilos? Os resultados comprovam que olhar as pessoas sob nova ótica traz impactos positivos: a taxa de rotatividade mensal caiu 60%. Outras empresas nos EUA têm seguido esse modelo de contratação, que é uma saída de emergência para acelerar os processos, pois se concentra no comportamento e oferece emprego para qualquer pessoa disposta e capaz de trabalhar. Pode não funcionar para todas as vagas, mas muitos postos na economia de um país permitem que o colaborador seja treinado rapidamente, dispensando os filtros tradicionais.

Outra alternativa ao recrutamento tradicional é a realização de ações afirmativas no processo. Com 53% dos colaboradores negros,[10] o Magalu tinha apenas 16%

deles em cargos de liderança. A empresa chegou à conclusão de que as exigências de seus processos excluíam profissionais negros dos postos mais altos. Em 2020, a empresa anunciou seu primeiro programa de *trainees* apenas para negros, com o intuito de preparar um número maior de profissionais para competir em nível mais próximo daqueles que tiveram privilégios ao longo de suas vidas. Para ser admitido, a experiência de vida pesa mais que o currículo acadêmico e profissional, uma vez que o processo seletivo foca em testes de valor, entrevista sobre experiência de vida e dinâmicas. Os candidatos, por exemplo, não são avaliados pela fluência em um idioma estrangeiro, e os aprovados recebem aulas de inglês após a contratação.

A lógica também pode ser aplicada para cargos seniores, como no Empretece, programa da Movile exclusivo para pessoas negras. O grupo reconheceu que estava distante de ser uma empresa totalmente diversa e precisava encontrar uma forma de refletir, de fato, a população brasileira em seu ambiente corporativo. Incluiu, então, a diversidade em sua cultura; mudou estrutura e benefícios; treinou colaboradores; fez ações internas de conscientização e eventos exclusivos para grupos minoritários, entre outras iniciativas. Ainda assim, a diversidade e a inclusão não estavam no patamar desejado. Por isso, a empresa lançou o Empretece, programa de contratação de pessoas negras criado para *empretecer* o ecossistema, como a própria Movile anuncia. O projeto conta com vagas em diversas áreas, mas o foco está em cargos de maior senioridade: só são preenchidas quando a empresa encontra colaboradores negros para ocupá-las.

No âmbito acadêmico, também já existe uma evolução no sentido da meritocracia de ideias. O processo seletivo da Escola de Direito de São Paulo da FGV[11] não adota prova de múltipla escolha, e o conteúdo programático do vestibular é bastante reduzido quando comparado aos vestibulares tradicionais, dando ênfase, assim, à avaliação da capacidade argumentativa do aluno, e não ao famoso "copia e cola", ou seja, à memorização de uma grande quantidade de informações. Como forma de conhecer os candidatos de maneira mais abrangente, a instituição eliminou provas exclusivamente escritas na segunda fase de seu vestibular, pois concluiu que elas não permitem a observação de comportamentos valorizados tais quais o trabalho em grupo, tendo em vista as necessidades coletivas, a capacidade de liderança e o reconhecimento de outras lideranças legítimas, além da distinção

ANTIFRÁGIL: MERITOCRACIA DE IDEIAS E TRANSPARÊNCIA

de ideias pertinentes em maior ou menor grau e a busca por soluções eficientes e oportunas para diferentes situações. Para complementar o processo, a FGV adotou um exame oral realizado em pequenos grupos de alunos que debatem *cases*.

É típico ouvir na Velha Economia: "Queria uma pessoa com determinadas características, mas, como é difícil encontrar esse perfil, optei pelo padrão de mercado". Enquanto houver desigualdade no Brasil, ações afirmativas devem existir de maneira proporcional ao tamanho do problema. Iniciativas como essas existem, mas ainda são vários os desafios que se impõem para a construção de uma cultura da meritocracia de ideias. Quem define o que é mérito? O que se considera mérito? Quem analisa as diferentes trajetórias e compreende pontos de partida distintos para garantir equidade? Essas perguntas são essenciais – e é um ideal distante acreditar que uma empresa poderá corrigir questões estruturais da sociedade, mas a coletividade de negócios que criam referências para o mercado consumidor e para os talentos tem o poder de contribuir diretamente para a construção dessa nova visão. Trata-se de uma jornada.

Mas é importante ficar claro: a Nova Economia faz com que a inovação pareça simples, afinal, um bando de garotos e garotas ficam ali pensando e codificando de modo rápido e direto... Não é assim! Inovar é muito difícil, o que explica por que a maioria das startups falha. A Nova Economia exige que pessoas capazes de todos os gêneros, orientações sexuais, cores e origens sociais renunciem a muitos prazeres da vida, trabalhando duro para pensar e construir tecnologias com excelência. A Nova Economia só existe porque persegue a excelência. Os mercados recompensam e demandam isso.

No Brasil, a meritocracia de ideias é pouco difundida porque as empresas da Velha Economia se valem historicamente da pressão exercida pelas altas taxas de desemprego no país para administrar pelo sistema de comando e controle. Manda quem está no topo, obedece quem teme a demissão, medo agravado pela falta de oportunidades no mercado de trabalho. Ao se tornar gestor, quem só aprendeu a cumprir ordens sem questionamento repete o modelo. Poucos colaboradores chegam às posições de liderança – e não necessariamente por mérito de ideias. Seria falso dizer que a Nova Economia está resolvendo as desigualdades e pondo fim ao sistema que leva apenas os privilegiados aos cargos

NOVA ECONOMIA

de chefia. A revisão da meritocracia é complexa e toca o tema da distribuição de renda; logo, o Estado tem um papel muito primordial aí. Mas, com certeza, as empresas da Nova Economia estão mais dispostas a trazer o assunto para a arena e atacá-lo publicamente. Por que a Nova Economia? Porque nela reside o ímpeto da mudança constante em ambientes antifrágeis. É fácil? Não. Num primeiro momento, as pessoas naturalmente resistem às discussões que minam suas defesas. Daí a importância de outro princípio: a transparência.

LIDERANÇA PELA TRANSPARÊNCIA

Se uma empresa quer crescer, deve agarrar as oportunidades quando surgem. Nas palavras de Ray Dalio, já citado anteriormente, "grandes culturas trazem os problemas e desentendimentos para a superfície, e então os resolvem enquanto amam imaginar e construir grandes produtos e serviços que nunca imaginaram construir antes".

Quando todas as informações são disponibilizadas para todos, cria-se um ambiente em que as fragilidades individuais podem ser expostas objetivamente, permitindo que os problemas sejam resolvidos da melhor forma e com colaboração mútua. O time passa a ter voz, descobre que não precisa camuflar os erros. Fundamental para o desenvolvimento das pessoas, a transparência dá ao profissional a possibilidade de conhecer suas deficiências e superá-las. O gestor, ou a gestora, precisa apontar, de maneira legítima, quais pontos devem ser trabalhados e ajudar o time a superá-los. Ao fim do processo, o crescimento é evidente e resulta em reconhecimento, oportunidades com maior responsabilidade e, consequentemente, mais dinheiro.

A proposta de liderança de George Kohlrieser, Susan Goldsworthy e Duncan Coombe no livro *Care to Dare*[12] explica como conseguir isso. Eles enfatizam a importância de construir uma base segura para que o líder possa desafiar suas equipes a realizar algo que não se sentem capazes de fazer. É preciso que o colaborador perceba o feedback como estímulo sincero para o crescimento. Ou seja, um líder de base segura liberta o time de medos que atrapalham o desempenho, construindo a confiança, inspirando e direcionando o foco para o desempenho sustentável. Os autores mencionados mostram que a principal diferença entre um líder bem--sucedido e um fracassado é justamente a presença ou ausência de bases seguras.

ANTIFRÁGIL: MERITOCRACIA DE IDEIAS E TRANSPARÊNCIA

Nesse tipo de relação, um especialista pode se tornar um excelente gestor, com plena capacidade de compreender, planejar e executar qualquer tema. A grande questão está em promover por desenvolvimento. Interessa muito mais o "como" ele chegou lá do que o resultado apresentado.

Quando a transparência faz parte do dia a dia da empresa, não há dificuldade em fazer críticas respeitosas nem elogios públicos. Eles são absolutamente necessários para criar referências, mostrar a todos como dar o próximo passo. Gestores da Velha Economia costumam se esconder atrás de frases como "Essa geração tem muito mimimi" ou "Eles só fazem o que querem", porque, na prática, têm muito medo ou limitações para compreender os jovens que estão ingressando no mercado de trabalho. A questão não é apenas lidar com eles, mas sim exercer a humildade e se adaptar. Novas gerações vão liderar a economia brasileira em algumas décadas. Tê-las dentro da empresa a deixa mais preparada para o futuro. E os jovens precisam estar na mesa, com o poder de influenciar. Mantê-los longe no sistema de comando e controle certamente não funciona mais.

É fato que, no início, o uso da transparência intensa provoca estresse. Muitos pensam que serão demitidos ao descobrir em si falhas até então nunca apontadas. Depois de alguns meses, porém, o resultado aparece. Funciona como exercício físico. Quem vai para a academia malha durante um, dois, três meses sentindo dores, sem quase nenhum retorno. Até notar uma mudança aqui, outra ali. Passado algum tempo, está totalmente diferente. No trabalho, as pessoas entram numa jornada de desenvolvimento e não param mais, a evolução da carreira é o efeito visível. E onde está o papel do líder? Ele deve impor o ritmo, mostrar quanto e quando é possível acelerar. Não estou falando de questões técnicas. A discussão é sobre limitações pessoais, que envolvem comportamentos, formas de ver e fazer as coisas. **O líder precisa alicerçar a cultura, reforçá-la dia após dia, a ponto de atrair novos talentos com mente aberta e expelir naturalmente os que não comungam desses princípios. Isso é o que forma uma cultura forte.**

A esta altura, é de se perguntar como garantir a transparência, uma vez que cada ser humano tem os próprios códigos de caráter e conduta. A resposta é: fazendo da empresa o exemplo. Como executivo da Movile, aprendi a criar mecanismos que tornam real a promessa de compartilhar informações. Um dos mais

NOVA ECONOMIA

efetivos é a reunião realizada várias vezes ao ano com o time completo do iFood. Nesses encontros, uma ferramenta permite a qualquer um fazer perguntas, as mais duras possíveis. As pessoas acompanham e dão *likes* nas que consideram mais relevantes. As questões com maior número de *likes* são respondidas, independentemente do tema. É simbólico. Fica claro que não há pontos proibidos. Também aproveito esses momentos para revelar os erros que cometi no período e mostrar a importância da falha no processo. Se o vice-presidente é vulnerável, fica implícito que errar faz parte da jornada de todos.

Ao dar um feedback radicalmente transparente, com o intuito de ver alguém em situação melhor, o gestor, ou a gestora, ajuda esse colaborador. Na Velha Economia, usam-se outros caminhos: uma empatia que leva as pessoas à ruína, pois não existe coragem para dizer a verdade; manipulação, pois não se diz a completa verdade ou mente-se; e expressão da verdade de modo radical, mas sem boa--fé, criando situações que se encaixam em assédio moral.

Conversas individuais para entender cada um também devem fazer parte da rotina. Isso se chama contextualizar. Eu, quando promovo alguém, explico a todos o motivo. O objetivo vai além de evidenciar critérios e criar referências. Revelar as razões da promoção me obriga a ser consistente, a manter coerência com os princípios estabelecidos. Tudo é feito no intuito de criar um ambiente que incentive os embates necessários para a inovação e traga, como consequência, o sucesso individual e coletivo. Nem todos querem ser o presidente da empresa. Para uns, sucesso é dinheiro; para outros, é equilíbrio; e há quem busque a combinação dos dois. A meritocracia de ideias funciona quando se leva em conta o respeito a essa premissa. E a transparência permite que cada um encontre o melhor caminho para chegar lá.

Muitas empresas miram os exemplos de sucesso da Nova Economia para tentar seguir a trilha, mas enxergam apenas o que é fácil de ver. O mundo está cheio de ideias ousadas sustentadas pela tecnologia. O resultado depende da coragem de falhar e da determinação em buscar a solução inúmeras vezes, de formas ainda nunca testadas. Permitir que os talentos se desenvolvam e garantir que as melhores ideias evoluam está no DNA da Nova Economia, algo que a Velha apenas finge fazer. Qual empresa admite não ser transparente nem justa nas promoções? A questão é anterior: quantas realmente sabem o que isso significa?

QUANDO A **TRANSPARÊNCIA** FAZ PARTE DO DIA A DIA DA EMPRESA, NÃO HÁ DIFICULDADE EM FAZER CRÍTICAS RESPEITOSAS NEM ELOGIOS PÚBLICOS. ELES SÃO ABSOLUTAMENTE **NECESSÁRIOS** PARA CRIAR REFERÊNCIAS, MOSTRAR A TODOS COMO DAR O **PRÓXIMO PASSO.**

CAPÍTULO 5

AS EMPRESAS DA NOVA ECONOMIA

Aprende-se mais com a história do que com as previsões.
Faz-se mais história com as previsões.

Nada impede que uma organização que tenha prosperado em moldes tradicionais mergulhe na Nova Economia. A única condição é mudar o *mindset*. Mas atenção redobrada aqui: todo mundo quer entrar no baile, porém nem todos estão realmente dispostos a dançar. Como, então, fazer uma empresa entrar no ritmo do novo ambiente de negócios? Como transitar da Velha para a Nova Economia? Como renascer na Nova Economia?

Modificar a forma de operar e interagir com os clientes exige não apenas tecnologia, mas também engajamento, e nunca é fácil convencer um grupo de pessoas de que o jeito de trabalhar que funcionou um dia tem de ser abandonado. Alguns aceitam de imediato, outros são bem mais resistentes. É necessário pôr abaixo a cultura tradicional da empresa, fortemente apegada a tudo que havia garantido sua história de sucesso. Nessa hora, o acionista é fundamental. Ele é a força motriz da inovação. A disrupção exige uma disposição inabalável da empresa para mudar. A tecnologia e o modelo de gestão serão sempre o meio, não o fim. Não importa o que se esteja criando, não se pode perder de vista para quem e por que se está fazendo isso. E essa percepção, se não for lançada pelo acionista, deve ao menos ser assimilada por ele na condução do negócio. Sem isso, de nada vai adiantar executivos e colaboradores se mobilizarem para inovar.

Acionistas visionários criam ou redefinem grandes marcas. Acionistas apegados marcham orgulhosos para o abismo – não importa se estão cercados de um exército de gente de visão e engajada. Para digitalizar uma empresa, às vezes, é necessário "demitir" o acionista! A história da Kodak está aí para lembrar a todos que o fim da linha é inexorável se os tomadores de decisão insistirem em se agarrar ao sucesso passado para lançar-se no futuro.

"Você aperta o botão, e nós fazemos o resto" foi o lema que durante décadas traduziu verdadeiramente a cultura de uma das companhias mais inovadoras da história. No entanto, em algum momento, esse compromisso se perdeu. Assim, embora a câmera digital tenha sido criada e aprimorada dentro da própria Kodak, a empresa preferiu engavetar a ideia repetidas vezes para seguir ganhando bilhões com a venda de filmes.[1] O resultado todos sabemos: foi dizimada pela inovação que seus próprios engenheiros produziram, mas ela desprezou. "No cerne de qualquer grande negócio", como ensina Bill Campbell, empresário do Vale do Silício,

> existe um empreendedor que cria inicialmente uma hipótese suscetível de ter seu valor reconhecido ou ampliado, de modo que o valor central do produto (uma solução real e significativa para um problema crucial do consumidor) possa ser testada e evidenciada.[2]

Encontrar esse foco é um desafio constante. Abandoná-lo, mesmo sob a melhor das justificativas, significa a morte – ainda que lenta. No caso da Kodak, o fim veio exatos trinta e sete anos depois da primeira decisão de segurar a inovação para acomodar seus interesses imediatos.

HORA DE LEVANTAR ÂNCORAS

Já o Magalu[3,4,5] talvez seja um dos exemplos mais espetaculares de "evolução" tal como a entendemos na explicação de Nassim Taleb no capítulo anterior. O Magalu protagonizou uma guinada radical em seu negócio, abandonando o conceito de varejista

NOVA ECONOMIA

para tornar-se uma empresa de tecnologia. A realidade mostra que poucos têm a coragem necessária de fazer o que a rede fez e levantar as âncoras que sustentaram um passado de sucesso. O Magalu ousou e agora colhe os frutos. Fundada como Magazine Luiza em 1957, a pequena loja de presentes de Franca (SP) cresceu em todo o interior paulista por meio de aquisições de comércios locais, tornando-se célebre nos anos 1990, quando sua "Liquidação Fantástica" era pauta obrigatória nos telejornais todo início de ano, com imagens das imensas filas de consumidores enlouquecidos pela oportunidade de comprar produtos com descontos reais de até 70%.

Firmemente enraizado no mundo físico, em 1992, quando a internet ainda engatinhava por aqui, o Magazine Luiza deu o primeiro passo no universo digital: lançou lojas virtuais, sem estoque nem mostruário, mas com terminais de venda físicos que permitiam ao consumidor acessar um vasto catálogo eletrônico e receber o produto em casa em apenas 48 horas. Com a novidade, chegou a mais cidades e expandiu a clientela, até que, em 2000, lançou-se no e-commerce. A expansão e a estratégia de vendas multicanal diversificaram a base de clientes e acenderam uma luz: era preciso falar com todos, entender suas necessidades para atendê-las. Uma primeira iniciativa nesse sentido foi feita com a criação de uma área de inovação dentro da rede, que foi ganhando importância até se transformar em um laboratório de inovação encarregado de oferecer aos clientes uma experiência de compra cada vez melhor – o LuizaLabs.

Mas isso não foi tudo. Ninguém evolui criando uma bolha de inovação numa estrutura arcaica. A guinada digital do Magazine Luiza ocorreu, de fato, quando Frederico Trajano, então CEO, decidiu que a tecnologia deixaria de ser acessória para ser o foco do negócio. A partir daí, a rede transformou todos os seus processos. Trajano abriu os sistemas da empresa para os desenvolvedores do LuizaLabs, permitindo ainda que trabalhassem como se estivessem em uma startup. O modelo deu ao TI a possibilidade de redimensionar processos para torná-los mais leves e ágeis. Resultado: em vez de levar meses ou anos, novos produtos digitais e experiências eram lançados em semanas; às vezes, dias.

O próximo passo seria a transformação em *marketplace*, vendendo produtos de terceiros em sua plataforma. E foi exatamente assim que aconteceu. A empresa não dependia mais de seus estoques para atender a clientela. Ferramentas desenvolvidas pelas equipes do LuizaLabs mantinham o ecossistema inteiro sob

AS EMPRESAS DA NOVA ECONOMIA

monitoramento constante, removendo, por exemplo, parceiros que violassem suas regras. Outra sacada excepcional da turma de inovação foi a Lu, a primeira influenciadora virtual do país. Versão digital de uma personagem criada em 2003 para humanizar a experiência de compra no e-commerce da rede, o *chatbot* deu à velha Tia Lu uma vida inteligente como Lu, jovem mulher que ganha a confiança do consumidor ajudando-o a comprar no ambiente virtual e explicando a tecnologia para quem tem dificuldade de lidar com ela. O apelido Magalu foi outro recurso para aproximar ainda mais a marca do consumidor.

Com as lojas físicas, o Magalu precisou de 43 anos para faturar seu primeiro 1 bilhão de reais. Com o e-commerce, foram só dez anos para conseguir mais 1 bilhão de reais. A operação de *marketplace*, em dois anos, rendeu mais 1 bilhão de reais no caixa da empresa. A ambição continua alta. O Magalu anuncia que quer "digitalizar o Brasil". Na prática, isso significa criar um superaplicativo em que, além de comprar produtos, os clientes possam pagar contas, recarregar celulares, contratar serviços de transporte, fazer consórcios, pedir refeições... e o que mais a imaginação permitir.

Outro bom exemplo de como é possível fazer a transição com sucesso é a Dasa,[6,7,8,9,10] maior empresa no setor de medicina diagnóstica da América Latina e a quarta no mundo. Nasceu em 1961 como laboratório de análises clínicas e, de lá para cá, com uma série de fusões e aquisições bem-sucedidas, passou a congregar mais de quarenta marcas, 40 mil colaboradores e 250 mil médicos parceiros, além de processar quase 270 milhões de exames por ano. Cresceu oferecendo uma experiência cada vez mais simples e integrada aos clientes, descomplicando agendamentos e acesso a resultados de exames e desburocratizando o processo de aprovação dos convênios e seguros de saúde. Seu grande ativo, porém, começou a ser construído ainda sob o comando de Edson de Godoy Bueno, embora tenha sido sob a direção de seu filho Pedro que a empresa percebeu definitivamente o potencial do *big data* para a medicina diagnóstica e criou um centro informatizado que concentrava todo o processamento de laudos de exames feitos na rede.

Passados alguns anos e analisados alguns milhões de resultados, a Dasa acumulou dados suficientes para desenvolver pesquisa médica e lançar produtos inovadores. Hoje, tem a capacidade de determinar instantaneamente o tipo, o potencial risco e

NOVA ECONOMIA

a gravidade de determinada doença e emitir, de maneira mais rápida, laudos mais assertivos, gerados por algoritmos capazes de rastrear doenças com maior eficiência, auxiliando na tomada de decisões médicas. O que antes exigia uma análise minuciosa e complexa de um ou mais especialistas, agora pode ser feito com inteligência artificial, baseado em um banco de dados imenso, iniciado há trinta anos. É possível detectar, de modo automático, hemorragia no cérebro ou embolia no pulmão durante um exame de rotina e notificar rapidamente o médico. Sem o algoritmo, o exame seria encaminhado para análise, e o resultado poderia levar dias – custando, eventualmente, a vida do paciente. A Dasa criou sua vantagem competitiva e entrou na Nova Economia sustentada por mais de cem cientistas de dados e mais de duzentos desenvolvedores. Ao longo da gestão de Pedro Bueno, CEO da Dasa, a companhia criou interoperabilidade entre suas unidades de negócios, suportando a construção de um banco de dados estruturado que consolida a jornada de um paciente. Ou seja, a Dasa tornou-se um ecossistema a partir de um modelo de negócio digital.

Magalu e Dasa foram fundadas em moldes tradicionais e cresceram como garanhões de corrida, mas entenderam que o horizonte estava mais além e que seria necessário voar para alcançá-lo. Ganharam asas. Esses "cavalos alados" ocupam, entretanto, apenas o segundo lugar na lista de sonhos do mundo dos negócios atualmente. O primeiro – disparado – pertence mesmo aos raríssimos unicórnios. Todo mundo quer ser a próxima startup de 1 bilhão de dólares.

STARTUPS E UNICÓRNIOS

A cifra enche os olhos, mas deve ser considerada apenas como um indicador do potencial de crescimento de uma empresa cujo valor está na possibilidade de o produto ou serviço que desenvolve ganhar escala exponencial. **Se o propósito é fazer dinheiro, a Nova Economia é a porta errada. Esse é o território em que a necessidade, a paixão e o inconformismo geram valor. A conta em dólares chega no final.**

"Nasci muito rápido. Errei muito rápido. Aprendi muito rápido." É nesses termos que Fabien Mendez, que criou e comanda a Loggi, resume sua história.[11] Antes de pôr de pé o modelo de negócio que a tornaria mais uma empresa brasileira a entrar na lista das que valem mais de 1 bilhão de dólares, Fabien havia criado a GoGens,

AS EMPRESAS DA NOVA ECONOMIA

um Uber que fracassou e o deixou, literalmente, sem um tostão. Mas "fracasso" na Nova Economia não é um ponto final inexorável. É aprender. Ao falar da experiência, Fabien se revela um empreendedor dos novos tempos: aponta seus erros com precisão. Do desenvolvimento do produto à estratégia de marketing, passando pelo contexto legal que limitava a prestação do serviço que oferecia, ele reconhece ter feito tudo errado, mas o fracasso com a GoGens lhe ensinou muito do que precisava aprender para pôr de pé a Loggi.

Descobriu que transportar pessoas seria difícil, mas seria possível entregar bens. Entendeu que a logística é cara e ruim no país e que a penetração do e-commerce esbarra na distribuição. Fabien decidiu, então, o que queria fazer: construir os correios do futuro para o Brasil do futuro. Em duas semanas, conseguiu levantar 1 milhão de dólares com investidores-anjo para erguer o novo negócio. Na GoGens, tinha trabalhado sete meses para obter o aporte inicial.

O fato de tentar uma primeira vez e insistir em novas bases com um propósito claro, disposição para continuar e conhecimento adquirido na prática despertou o interesse do investidor. Ter errado uma vez não significa que isso não aconteceria de novo. A Loggi nasceu como *marketplace* em 2003, fazendo entregas dentro de uma mesma cidade, mas com uma ambição grande: conectar o Brasil todo. Em três anos, enquanto avançava para cumprir esse propósito, Fabien quase quebrou uma segunda vez. O plano de negócios para a empresa fazer entregas nacionalmente – o que exigia operar ativos logísticos (veículos, galpões) – subestimou a complexidade brasileira. Ideias que pareciam ótimas tiveram de ser descartadas rapidamente para focar no que importava. Hoje, a Loggi é um unicórnio, mas ainda está aprendendo a entregar em todo o Brasil e usando tecnologia para construir a nova malha do país.

Mais uma vez: analisar o que funciona ou não, deixar de lado uma boa ideia porque a prática mostra que ela não conduz ao objetivo maior é crucial. Às vezes, o resultado surge de uma iniciativa que estava totalmente fora do que se pretendia inicialmente. A Cheftime é um belo exemplo para entender essa lição mais a fundo.[12] Criada por três colegas de faculdade que, durante um churrasco, concluíram que seria possível trazer de volta o prazer de cozinhar, a plataforma provê ingredientes higienizados e porcionados e oferece receitas passo a passo para que as pessoas possam fazer a própria comida em casa.

NOVA ECONOMIA

Parece simples? Mas não. Daniella Mello, CEO da empresa, conta que desde 2015, quando começou o empreendimento, viveu uma jornada intensa de mudanças no modelo de negócio. Das assinaturas com menus fixos à customização total para atender a todo tipo de necessidade do cliente, a Cheftime foi tentando tudo. Ao longo do tempo, sempre trabalhando no mundo digital, foi construindo a marca, até que descobriu que a presença física nos supermercados fazia toda a diferença. Levar os produtos para a gôndola significou aumentar dez vezes o faturamento. O bom é ver que a Cheftime percebeu que o mundo físico abria possibilidades até então desconsideradas por uma empresa construída digitalmente e não perdeu tempo. Aprender com o inesperado faz toda a diferença. Na prática, a execução de uma ideia nunca se parece com aquilo que se imagina.

A Amaro passou por isso também.[13] Empresa concebida para o mundo digital, demorou quatro anos para entender que poderia ganhar mais se encontrasse espaço no mundo físico. Produzindo moda para vender ao cliente final sem intermediários, a empresa foi a resposta que o suíço Dominique Oliver encontrou para sua estupefação com os preços de roupas e acessórios em São Paulo. Tendo vivido em Zurique e trabalhado em Nova York, consideradas duas das cidades mais caras do mundo, Dominique assustou-se quando, no desejo de aventurar-se por um mercado emergente, conheceu os shopping centers da cidade e constatou que era escandaloso o preço de uma peça de vestuário por aqui. Decidiu, então, produzir moda de qualidade por preço justo para os brasileiros.

A Amaro não lança coleções. Suas vitrines são renovadas semanalmente, com um total de 10 mil itens por ano. E os cliques no site orientam as equipes de criação: é com base no que é selecionado, vai para o carrinho ou sai dele, que os estilistas definem como serão as próximas peças. Os primeiros pontos físicos de venda, instalados em 2016, permitiram uma nova experiência da marca para os consumidores, que agora podem entrar nas lojas, vestir, calçar... mas não levar. Não há estoques. Os itens comprados são entregues em casa – em algumas cidades, no mesmo dia. O custo das lojas físicas não difere muito do investido em marketing nas redes sociais – e torna a marca mais conhecida. A Amaro nasceu digital, mas vem ganhando a preferência do consumidor com sua presença física em shopping centers.

AS EMPRESAS DA NOVA ECONOMIA

A Giuliana Flores, a maior floricultura on-line do Brasil, nasceu como loja física em São Caetano, no ABC Paulista, no fim dos anos 1990. Pouco depois da fundação, a empresa ensaiou uma primeira entrada no universo digital, mas recuou e permaneceu mais um tempo no físico. Uma decisão acertada a levou de volta à internet, onde prosperou rapidamente até que, novamente, precisou assentar bases off-line para continuar a expandir-se. E isso é só parte das idas e vindas do negócio, já que tudo aconteceu enquanto Clóvis Souza, CEO e fundador da empresa, buscava entender melhor o desejo dos clientes.[14] Hoje, ele diz que, entre os milhares de itens disponíveis em sua plataforma, estão "até" flores. A história do empreendedor é emblemática para entender a importância de ajustar o modelo de negócio e sua proposta de valor às circunstâncias. Além de nascer no mundo real, ir para o virtual e voltar ao real, a Giuliana Flores se tornou uma plataforma de presentes, porque o foco de verdade era mesmo desenvolver logística de entrega e firmar as parcerias que lhe permitissem diversificar o catálogo de produtos e alcançar todos os cantos do país.

Entender o dinamismo do mercado, adaptar-se e não se prender a conceitos e teorias estáticas é a jornada de todo empreendedor na Nova Economia. Antes, o mercado crescia e as empresas cresciam com ele – ou adquiriam ou se fundiam com outras empresas, mas não ajustavam seus modelos, não evoluíam. Agora, a dinâmica é outra.

A ClickBus é mais um exemplo de empresa que precisou de ajustes radicais no modelo de negócio para encontrar seu lugar.[15] A startup desenvolveu uma plataforma de vendas on-line de passagens de ônibus com o propósito de desobrigar os viajantes a deslocar-se até a rodoviária para comprar os tíquetes. O fundador e CEO Fernando Prado conta que começou a empresa em 2013 com o plano de instalar-se em nada menos do que treze países. Em um ano e meio, à velocidade de um site lançado a cada dois meses, passou a atuar nas Américas – Brasil, Colômbia, México e Peru –, na Ásia – Filipinas, Paquistão, Tailândia e Indonésia – e na Europa – Polônia, República Tcheca, Alemanha e Romênia.

A estratégia permitia conhecer e entender melhor cada mercado e afinar o modelo de negócio, definindo quais as melhores ferramentas para atender ao passageiro e quais as alavancas de receita mais viáveis. Depois de um ano e meio, no entanto, ficou claro que seria inevitável sair da maioria dos países. Em 2015, as operações em

NOVA ECONOMIA

nove deles foram encerradas. O passo dado para trás assegurou a sustentabilidade da empresa. Sem essa coragem, talvez a ClickBus não tivesse sobrevivido. Hoje, ela opera no Brasil, no México e na Turquia e prossegue com muitos planos. Dos 160 milhões de tíquetes de ônibus vendidos no Brasil, por exemplo, menos de 10% são transacionados on-line. Desse total, 50% são adquiridos na plataforma da ClickBus.

Eu poderia citar mais uma dezena de *cases*, mas o importante (por ora) é mostrar alguns que nos ensinam sobre a disposição de tentar, a paixão pela ideia. Existe uma diferença entre ser dedicado e ser teimoso, entre a obsessão por resolver um problema e a pura insistência numa tese que a prática mostra não ter fundamento. Não tem receita. Tem dedicação, análise, esforço. O sucesso vai nascendo das dificuldades superadas. E os fracassos podem ser grandes professores, pois permitem construir teses que levam ao sucesso. **São empresas como essas que vão mudar o país, diminuindo nossa dependência das que têm dificuldade de olhar para a frente e construir um Brasil de oportunidades.**

A prova? No início de 2022, o país possui 29 unicórnios: Ascenty, Arco Educação, CloudWalk, Creditas, C6 Bank, Daki, Ebanx, Facily, frete.com (antiga Cargo X), Gympass, Hotmart, iFood, Loft, Loggi, MadeiraMadeira, Merama, Mercado Bitcoin, Movile, Neon, Nubank, Nuvemshop, Olist, PagSeguro, Stone, Quinto Andar, unico, VTEX, Wildlife Studios e 99. O número parece pequeno, mas a lista de candidatos não é. Poderíamos facilmente incluir startups que estão prestes a se tornar unicórnios – como Alice, Beep, Cora, Descomplica, Kovi, Trybe, Conta Azul, Cortex, Petlove, PicPay, RecargaPay –, além de listar algumas que já estão despontando – como Alura, Amaro, Brex, Buser, ClickBus, Contabilizei, Descomplica, Dr. Consulta, Fazenda Futuro, Flapper, idwall, Kovi, Livance, Liv Up, Minuto Seguros, Monkey Exchange, Rebel, Rock Content, Pipefy, Prontomed, Rabbot, Rocket.Chat, Sankhya, Solinftech, Superlógica, Sympla, Take, Tembici, Trybe, Turbi, UAUBox, Voxus, Xerpa, Zenvia, Zoop, entre outras. Evidentemente, ainda poderíamos incluir as empresas da Nova Economia que fizeram IPOs em 2020 e 2021 ou que foram adquiridas por grandes empresas, como a Konduto e a RD Station.

É preciso ter em conta ainda o perfil de um empreendedor da Nova Economia: após criar uma startup bem-sucedida, seu próximo passo é montar uma nova ou investir em dezenas de outras. Ou seja, estamos falando de uma progressão geométrica que tem poderes de tirar a Nova Economia do nicho e trazê-la para o *mainstream*.

O SUCESSO VAI NASCENDO DAS DIFICULDADES SUPERADAS. E OS **FRACASSOS** PODEM SER **GRANDES PROFESSORES.**

BLOCO

SINAIS DE NOVOS TEMPOS

2

CAPÍTULO 6

A ASCENSÃO DO EMPREENDEDOR E O DECLÍNIO DO EMPRESÁRIO TRADICIONAL

A paranoia do empreendedor é matar seu negócio atual, mas, se ele mesmo não fizer isso, outro empreendedor o fará.

A nova geração de empresas no Brasil é o resultado de anos de mudanças econômicas, comportamentais e tecnológicas que ocorreram entre o advento da globalização e o nascimento da sociedade conectada. Valores e práticas antigas foram ficando pelo caminho, e o primeiro plano da cena vem sendo ocupado por outros personagens. Na história do capitalismo industrial em geral, e no Brasil em particular, os empresários tradicionais desempenharam um papel central no empreendedorismo – mas um empreendedorismo com as marcas da baixa competição e da dependência de proteção do Estado. Tornaram-se empresas que carregam todos os problemas que apontei nos capítulos anteriores – como hierarquias paralisantes e processos rígidos – e que se caracterizam especialmente por operar em uma lógica na qual a inovação fica várias posições abaixo da segurança na escala de prioridades. Simplesmente porque o conservadorismo faz parte de sua natureza, está impregnado em seu DNA e, por osmose, ficam presas também nas teorias clássicas de organização empresarial que as regem.

A ASCENSÃO DO EMPREENDEDOR E O DECLÍNIO DO EMPRESÁRIO TRADICIONAL

A história do crescimento e da diversificação econômica brasileira está povoada pelos nomes de famílias tradicionais. De São Paulo, lá do comecinho das indústrias e das finanças, chegam nomes como Matarazzo, Prado, Martinelli, Guinle, entre dezenas de outros cartões de visita, quatrocentões ou não. Na época, o dinheiro grosso que circulava ainda vinha da cafeicultura, mas havia capital acumulado para promover a expansão de setores industriais como o têxtil, além de uma cultura de empreendedorismo que acabou vicejando também entre os imigrantes. Quem passeia hoje pelos galpões abandonados na Zona Leste da capital paulista sabe quão concreta é a diluição dessa constelação familiar em mera memória, em ícones de um tempo que não existe mais. E desde já dá para prever que no futuro sobrarão, simbolicamente, mais galpões vazios na paisagem, à medida que as empresas familiares posteriores a esses pioneiros insistirem numa cultura pretensamente aristocrática.

Não por acaso, o capitalista daquele período vai carregar a alcunha de "barão" – naquele momento, majoritariamente, do café. A designação remete à outra nobreza econômica (já mencionada na Introdução e no Capítulo 2 deste livro) que surgiu nos EUA na mesma época e foi cunhada para nomear homens de negócio agressivos e predatórios na caça ao lucro, os "barões ladrões" – forma bastante reveladora da visão que se tinha deles por lá. Popularizada pelo jornalista e escritor Matthew Josephson no livro *The Robber Barons*,[1] a expressão, segundo o autor, foi criada por fazendeiros do Kansas, que a usaram em 1880, em panfletos contra os monopolistas das estradas de ferro. Ela identificava, então, os empreendedores ianques que haviam sobrepujado os antigos barões do algodão do Sul na guerra. Desses nascentes Estados Unidos unificados chegam os nomes Rockefeller, Morgan, Carnegie e Vanderbilt – os homens que incorporaram o imaginário, muito americano, de "construir o país". Para isso, faziam o que podiam fazer: enriquecer. A qualquer custo.

Foram essas as famílias que fundaram grandes conglomerados que até o início do século XX se fartaram com o monopólio ou oligopólio escancarado, além de alimentar a corrupção, recorrer habitualmente ao *dumping** para destruir a concorrência e se apoiar em subsídios do Estado. É assim que Josephson os retrata. A despeito de essa leitura não ser unânime entre estudiosos posteriores, há fatos que a corroboram. Entre 1870 e 1880, por exemplo, a Standard Oil Company, de John Rockefeller (1839-1937), elevou de 4% para 85% sua participação no mercado. Uma participação de mercado conquistada em boa parte, conta Josephson, à custa de conluio com o monopólio ferroviário, o que reduziu os valores de seu frete e dizimou as concorrentes, compradas a preço de banana pela Standard Oil. Boa para os negócios, a estratégia era um problema e tanto para a reputação. Para tentar mitigar as acusações que volta e meia voltavam a incitar a opinião pública, Rockfeller e companhia se transformaram em grandes filantropos, iniciando uma tradição hoje muito americana. Doaram para igrejas, universidades e museus, patrocinaram artistas, personalidades e entidades, e acabaram criando, ao longo da linhagem familiar, grandes e ricas fundações. É só conferir: cada um dos nomes do baronato listados anteriormente conta com uma fundação correspondente, que os respectivos herdeiros cuidaram de fazer prosperar.

Esses conglomerados familiares (e a parte de suas práticas nada filantrópicas) receberam o primeiro grande golpe na virada do século, quando o presidente Theodore Roosevelt (no poder entre 1901 e 1909) abriu uma guerra contra os monopólios, tirando do papel o Sherman Antitrust Act de 1890. Em 1911, a Standard Oil acabou dividida em 34 empresas. Foi quebrado o monopólio, mas não o império de Rockefeller, que, exatamente nesse momento, se tornou o homem mais rico do mundo. Em 1917, a Standard Oil de Nova Jersey – uma das empresas resultantes da divisão, que mais tarde se tornaria a Exxon – ocupava o terceiro lugar entre as maiores empresas americanas, valendo cerca de 11 bilhões de dólares; em 1967, tinha caído para quinto, apesar de o valor ter saltado, e muito, para 107 bilhões de dólares. Em 2017, a Exxon já havia se fundido com a Mobil, valendo mais de 300 bilhões de dólares, mas ficando atrás das líderes Apple, Alphabet (que inclui o Google), Microsoft, Amazon e Facebook.

---

* Prática comercial que consiste em uma ou mais empresas venderem seus produtos ou serviços por preços muito abaixo de seu valor justo, por um tempo, procurando prejudicar empresas similares concorrentes, passando então a dominar o mercado e impondo preços altos.

A ASCENSÃO DO EMPREENDEDOR E O DECLÍNIO DO EMPRESÁRIO TRADICIONAL

A presença maciça de companhias de tecnologia alinhadas com a Nova Economia no ranking é um lembrete do que vimos até aqui. No século e tanto que passou desde a era do baronato, foram muitas as transformações econômicas, locais e globais que atingiram modelos de negócio tradicionais. Deriva daí, em parte, a redução da magnitude da influência de empresas como a Standard Oil na economia norte-americana. Para entender em profundidade esse declínio, contudo, precisamos voltar àquele DNA conservador das empresas familiares que menciono no início.

Comuns na história do capitalismo recente, empresas familiares tradicionais são fenômenos indissociáveis dos valores e práticas da Velha Economia. São negócios que têm como característica primordial, naturalmente, a transmissão da propriedade hereditariamente, de barões para barõezinhos. São eles, nas gerações seguintes, que perpetuam um ativo gerado no passado que carrega junto os poderes lá amealhados: econômico, político e social, com a manutenção do status. Na prática, isso significa que o capital está basicamente fixo ao longo do tempo, e se mantém essencialmente o modelo de negócios em que essa empresa foi fundada. Ou seja, persiste um conceito de linearidade, de imobilidade. Além disso, a própria transmissão sucessória é um fator de deterioração, que condena a propriedade inicial a um processo contínuo de fragmentação ao longo das gerações: do fundador para os filhos, depois para os filhos destes e assim sucessivamente. Conflitos? Naturalmente.

Mas as disputas familiares eventualmente decorrentes não costumam ser o maior problema. Mais complexo, e mais interessante para o nosso ponto, é o fato de que a própria dinâmica sucessória é absolutamente desfavorável a uma gestão alinhada com o futuro. Por que isso acontece? Quando falamos do futuro, é razoável assumir que o mundo não será o mesmo daqui a vinte, quarenta ou cem anos. Portanto, para sobreviver – perpetuar o negócio ao longo do tempo – é imprescindível que o presente seja administrado com dinamismo, com flexibilidade, com inovação. Agora vamos imaginar uma empresa familiar. Bem estabelecida, ela tem a possibilidade e o hábito de distribuir 50 milhões de reais de dividendos por ano para os acionistas, que são a família. O CEO bem que poderia propor uma ideia diferente. Que naquele ano, excepcionalmente, investissem esse valor em, digamos, cinco tipos de tecnologia promissores, que podem pôr o negócio em uma posição de

NOVA ECONOMIA

muito mais força no futuro. Aqui chegamos à dificuldade: aquela família milionária, já acostumada aos 50 milhões de reais anuais, dá um passo para trás. E acaba mantendo o *statu quo* – até o *statu quo* consumir o próprio negócio. É exatamente nisso que reside a essência conservadora das empresas familiares tradicionais. O "espírito animal" que existia em seu fundador vai desaparecendo ao longo das gerações. Porque a inovação pressupõe o risco, presume deixar de ter algo hoje para tentar ter algo amanhã. É preciso abrir mão da segurança do presente.

Empresas tradicionais familiares não abrem mão dessa segurança. Na verdade, muitas vezes o planejamento é traçado para conseguir ainda mais segurança no futuro. Não há nenhum mal na política M&A*, mas muitas vezes ela é tomada como pilar do crescimento e da manutenção do poder da empresa. Isto é: comprar os concorrentes ou fundir-se a eles é o plano para diminuir a concorrência adiante e, talvez, aumentar sua influência junto ao Estado (e quem sabe ser eleito "campeão nacional"). É como o garoto que toma anabolizante para ganhar massa muscular: fica bonito, mas não saudável. Tornam-se empresas grandes, mas não inovam; sabem cortar custos, mas pouco criam em vantagens competitivas.

Isso não significa que essas empresas estão fadadas a desaparecer. Também compõe aquele DNA a robustez de quem tem alicerces sólidos no caixa e na tradição, e os negócios familiares experts nessa área resistem sem precisar se adaptar às novas circunstâncias. E muitos, na verdade, podem prosperar, desde que a competição seja sufocada. É da natureza do barão, como vimos. É claro que ninguém vai negar o papel que essas empresas tiveram na formação da economia. Se fecharmos os olhos para a competição e a concentração de poder, não é incorreto qualificarmos esses homens como empreendedores avançados para sua época, verdadeiros revolucionários na gestão de seus negócios. A história deles é indissociável da própria evolução do país – mesmo que essa história tenha evoluído também para coibi-los. E certamente traz, na banda boa do seu DNA, aquele ímpeto empresarial que se observará no país nos anos que estão por vir. A questão é a banda ruim que se forma ao longo do tempo. **Em um mundo que muda o tempo todo, novos produtos e serviços inevitavelmente virão substituir**

---

* M&A significa *Mergers and Acquisitions* ou fusões e aquisições, em português.

A ASCENSÃO DO EMPREENDEDOR E O DECLÍNIO DO EMPRESÁRIO TRADICIONAL

==os antigos. E empresas enraizadas em práticas e valores da Velha Economia só conseguem sobreviver nesse cenário veloz com o pacote completo: como oligopólio, dependendo de subsídios e barreiras de entrada. Tratando o público como privado.== E voltamos ao Brasil.

Depois de décadas de estatismo, nacionalismo e autoritarismo, o país chegou ao limiar dos anos 1990 com um setor produtivo e financeiro viciados. A instituição empresa familiar tinha prosperado nesse contexto: em 1987, quando a revista *Forbes* lançou sua primeira lista de homens mais ricos do mundo, havia três brasileiros ranqueados – todos eles à frente de empresas familiares tradicionais. O baque geral veio quando o governo Collor aprofundou a abertura da economia do Brasil para o mundo, ensaiada pouco antes pela gestão Sarney. A tarifa nominal de importação, que era de 40% em 1990, foi reduzida gradativamente até chegar a 13% cinco anos depois, transformando radicalmente o mercado nacional.[2] Houve ainda medidas para a diminuição de barreiras não tarifárias, a abolição da maioria dos regimes especiais de importação e a redução da proteção tarifária para indústrias locais. O que se seguiu não foi surpreendente: falências e fusões em cascata de empresas que, por causa de todas as facilidades domésticas, não tinham se preparado para o futuro – ou, nesse caso, seria mais preciso dizer que não estavam preparadas para o presente. Viviam no passado. E caíram na real.

As estatísticas do período mostram que foi a indústria de transformação que mais sofreu, com o forte aumento do desemprego –,[3] além do crescimento da informalidade no mercado de trabalho – resultado da tentativa desesperada de cortar custos para sobreviver. Ao mesmo tempo, outros movimentos abalavam certezas. Próspero em tempos de *overnight*** para driblar a inflação, o setor bancário esvaziou como um balão furado até o fim da década. A estabilidade monetária alcançada a partir do Plano Real, em 1994, reduziu o número de instituições financeiras de duas centenas para um punhado. Vários desses bancos, aliás, eram negócios familiares tradicionais que, com a crise, tiveram de ser socorridos pelo Estado, para não perder o costume.

** Corresponde a determinadas operações que bancos realizam diariamente afim de levantar recursos para financiar suas posições em títulos públicos, que são repassados aos investidores, que devem recomprá-los no dia seguinte mediante uma taxa diária.

NOVA ECONOMIA

Quando olhamos para a Nova Economia, é fácil identificar as diferenças. Em primeiro lugar, os novos empreendedores não iniciam suas aventuras com um patrimônio já acumulado. Por isso, precisam arriscar mais. E a exposição ao risco se soma à gama dos novos comportamentos dessa geração, que enfrenta desafios pouco comuns para quem nasce com poder, com status. Enquanto a linhagem do barão mira companhias sólidas e resilientes, capazes de resistir às tempestades sem sair do lugar, as novas gerações oriundas da Nova Economia são antifrágeis, isto é, são capazes de "mudar" com a adversidade. Não só resistem aos contratempos como também saem deles transformadas.

Em segundo lugar, a turma da Nova Economia já é acostumada à competição, por ter começado a empreender em tempos de globalização. Diferente do empresário daquele passado em que a regra era a economia fechada, o novo empreendedor se desenvolve com um nível de competição brutal: basta olhar para o lado e ele verá outra garota trabalhando uma ideia parecida com a dele, não só no Brasil, mas também em diversos outros países. E, aqui, uma diferença conceitual importante: o empreendedor não tem apego à propriedade, mas sim à ideia. Sua ambição é fazer sua ideia aparecer e, de um momento para o outro, bum!, atingir um propósito, provocar disrupção em uma cadeia, melhorar a sociedade, mudar o país. **Ficar estático não pertence ao código genético deste lado da economia. Mesmo a ideia inicial não é inabalável. É por isso que faz parte do universo das startups o movimento de investigar ao redor, para encontrar saídas e novas oportunidades. Ela "pivota", como faz um jogador de basquete que mantém o pé de apoio no chão, mas gira o corpo em busca do melhor passe.** Um dos grandes exemplos segue sendo o da Netflix, que primeiro migrou da entrega de DVDs para o *streaming*, depois parou de depender das produções de terceiros, conferindo uma identidade própria ao serviço.

Na Nova Economia é comum ainda a rotatividade de projetos ao longo do tempo: depois de botar de pé um negócio inovador, o empreendedor pega o dinheiro ganho e parte para o próximo projeto. Imagine se a Velha Economia seria capaz de gerar alguém como Elon Musk (de novo citado no livro, não por acaso), que, depois de embolsar 165 milhões de dólares com a venda do PayPal para o eBay, resolveu colocar todo o seu dinheiro em negócios do futuro: um é a Tesla Motors, para estar

A ASCENSÃO DO EMPREENDEDOR E O DECLÍNIO DO EMPRESÁRIO TRADICIONAL

na dianteira dos veículos elétricos e no desenvolvimento dos autônomos; outro é a SpaceX, cujos projetos vão desde espalhar a internet para todo canto do planeta, colocando em órbita milhares de satélites, até a planejar uma missão tripulada a Marte. Sem contar as pesquisas em inteligência artificial e neurotecnologia. Haja disposição para o risco! No pensamento antigo, grande parte desses recursos teria ido para o *family office* fazer investimentos com retornos médios de mercado.

Nada disso quer dizer, claro, que esse novo empreendedor não queira enriquecer. Apenas que sua mentalidade não é a do velho rentista, que, estático, deixa o seu dinheiro na mesma posição. Os movimentos mais comuns das empresas da Velha Economia, como vimos, são a fusão e aquisição. Elas podem ganhar em tamanho e influência, mas, na prática, continuam as mesmas, estáticas. As características, os produtos e os serviços são praticamente os mesmos. Aqui, mais um ponto importante: as famílias tradicionais formam grandes conglomerados; os empreendedores, grandes ecossistemas. Os barões acreditam que suas habilidades são dons natos; os empreendedores, sabedores de que ninguém nasce melhor que ninguém, têm a dimensão do impacto decisivo da meritocracia de ideias e da transparência. Mudar sempre é possível, muitas vezes desejável. Isso significa também, por exemplo, que fincar âncora na Velha Economia é uma questão de escolha, pois os novos empreendedores mostram que comportamentos não são monolíticos.

Tratamos aqui de exemplos de empresas da Velha Economia que fizeram ou estão fazendo a transição para a Nova Economia. Mas essa mudança, necessária e decisiva, tem um custo: por tudo o que já dissemos até agora, trata-se de uma revolução comportamental. E comportamento, mentalidade e cultura são difíceis de mudar rapidamente. Especialmente – e este é o caso – quando uma cultura que preza a inovação parece ameaçar a segurança. Empresas precisam prestar contas, e as da Velha Economia precisam fazer isso mais rápido: se os resultados não vêm no tempo esperado, se a concorrência começa a botar as mangas de fora, a gestão logo é posta em xeque. Trabalhar com o resultado no longo prazo, com mais incerteza, faz com que os barões recuem para seus baronatos.

É o oposto do dinamismo de quem se apega a uma ideia, prospecta o amanhã, investe seus ganhos na multiplicação de projetos inovadores. Empreendedores

NOVA ECONOMIA

da Nova Economia costumam ter resultados melhores, e muitas vezes com uma rapidez de causar inveja ao barão, mas não por medo. Na verdade, é pelo contrário do medo, é pelo bom gerenciamento de risco. São comportamentos de uma geração que, além de estar acostumada com a competição global, move-se confortavelmente na sociedade conectada. Há o investimento natural em pessoas atraídas para trabalhar no negócio ou como parceiras de um ecossistema, para ampliar a gama de produtos e serviços que podem ser oferecidos. Conglomerados, vamos frisar, são diferentes de ecossistemas. E as ferramentas tecnológicas que já mencionamos aqui, *cloud* e API, tornam factível esse movimento de parceria e cooperação entre os empreendimentos da Nova Economia.

Um exemplo é o próprio iFood, que investiu nas *fintechs* MovilePay e Zoop para permitir que os donos de restaurantes que usam a plataforma criassem uma conta digital para ter acesso a produtos e serviços financeiros com design específico para a cadeia de restaurantes. Nesse ecossistema, o iFood segue em seu negócio principal, de delivery, sem precisar ter necessariamente um banco. É exatamente o que dissemos: o alvo não é a propriedade (o banco), mas a ideia (levar um banco prático e barato para o dono do restaurante).

Mais uma vez, acompanhamos o samba que dá a junção dos novos comportamentos com a tecnologia. Aos poucos, a nova mentalidade vai se tornando o diferencial dos barões contemporâneos, que vão deixando para trás o adjetivo "ladrão", mas não os rituais filantrópicos. Do lado dos fundadores de grandes negócios, é forte o movimento de doar pelo menos metade da fortuna amealhada – até para fugir dos pesados impostos sobre transmissão de herança. Idealizada por Warren Buffett, Bill e Melinda Gates, a campanha Giving Pledge, por exemplo, conta com a adesão de nomes como Mark Zuckerberg, Michael Bloomberg, Ray Dalio, George Lucas e Jeff Bezos. Um único brasileiro figura entre os mais de duzentos signatários: Elie Horn, o principal acionista da incorporadora Cyrela. Uma empresa familiar, justamente.

Iniciativas como essas não são tão frequentes no Brasil por uma razão ao mesmo tempo fiscal e política. Aqui, o imposto sobre transmissão de heranças varia, em média, entre 4% e 8%. Já nos países desenvolvidos a taxa varia de 25% a 40%. Ora, se o herdeiro recebe um ativo de seus pais e é pouco taxado, é claro

A ASCENSÃO DO EMPREENDEDOR E O DECLÍNIO DO EMPRESÁRIO TRADICIONAL

que ele já começa com mais vantagens na sociedade. Não há como falar em meritocracia. O que casa com tudo o que acompanhamos sobre a sociedade brasileira, que perpetua sobretudo comportamentos arcaicos que simulam a casa grande e a senzala. Não podemos construir uma sociedade na qual pessoas herdem fortunas e por isso não tenham de trabalhar. Essa é a geração de empresários que não podemos alimentar. E isso passa por uma atitude política, de Estado. Mas é difícil quando o Estado se habituou a servir aos interesses dos "amigos do rei". Em sociedades mais desiguais o processo econômico para sustentar o crescimento é difícil, afinal há poucas pessoas no topo da cadeia. Logo, será menos democrática, mais calcada na Velha Economia. Não estou defendendo a taxação exagerada de transferência de patrimônio. Essa discussão não pertence a este livro, mas algo é inegável: o espírito animal tende a desaparecer nas gerações que recebem muito patrimônio com pouco esforço.

SEMENTES DE MUDANÇAS

Se a tendência é essa, exceções precisam ser louvadas. É o caso, por exemplo, de Lara Lemann, cujo peso monetário do sobrenome não alivia o esforço empreendedor. Filha de Jorge Paulo, um dos homens mais ricos do mundo, Lara criou, em fins de 2020, o Maya Capital: fundo de venture capital que busca estimular os melhores talentos do continente para resolver os maiores problemas existentes, não limitando seu apoio apenas a recursos financeiros.

E até na filantropia é possível ser inovador, como as novas gerações de barões vêm mostrando. Marina Feffer, que integra a quarta geração da família que controla a Suzano, comanda o Generation Pledge, projeto concebido para permitir que bilhões possam ser destinados ao financiamento de soluções para os maiores desafios do mundo. A ideia é convencer pelo menos outros trezentos grandes herdeiros a doar no mínimo 10% da fortuna recebida. São jovens de linhagens tradicionais, mas que conversam com os novos tempos, com a agenda de preocupações sociais e ambientais que são típicas da Nova Economia.

Nesse sentido, há ainda histórias quase redentoras. Fundado em 2016, The Impact foi idealizado por um grupo de jovens herdeiros dos antigos barões

NOVA ECONOMIA

americanos. Com uma comunidade composta de mais de setenta famílias em vinte países, o movimento tem como um dos idealizadores Justin Rockefeller, tataraneto do nosso velho conhecido John Rockefeller. A ideia aqui é diferente: promover investimentos "de impacto", isto é, com retorno socioambiental – sem esquecer o financeiro.

> Investimentos de impacto diferem dos convencionais porque têm uma estratégia identificável e intencional para a criação de impacto social e ambiental e porque o retorno financeiro pretendido pode ser atípico de acordo com cálculos de risco e retorno padrão,[4]

afirma-se na cartilha da entidade para as famílias abonadas. O radar de investimentos alcança empresas em estágio inicial, além de "fundos ou títulos focados em eficiência energética e de recursos, educação, saúde, habitação, alimentação e agricultura". Hoje longe do petróleo, Justin Rockefeller coloca os seus tostões na Modern Meadow, empresa de Nova York dedicada à criação de carne sintética em laboratório, pensando nos desafios futuros da indústria da alimentação diante do aquecimento global. Olho no futuro. Quem diria.

Já as iniciativas brasileiras estão levando em conta também os fundamentos do nosso atraso. Merece a menção Eduardo Mufarej, ex-vice-presidente do HSBC e ex-CEO da rede de ensino Somos Educação. Sócio da Tarpon Investimentos, o paulista lançou em 2017 o RenovaBR, um movimento que prepara pessoas da sociedade civil que têm vontade de participar ativamente da democracia brasileira. Mantida com doações dos mais diversos setores da sociedade, a iniciativa é uma escola de formação política, com o intuito de qualificar lideranças de todas as origens, crenças e posicionamentos. Algumas, eleitas, já vêm fazendo diferença nos parlamentos. Outro caso ilustrativo é o de Mario Mello, sócio da Valor Capital e ex-diretor geral do PayPal na América Latina. Em 2018, ele fundou o Poder do Voto (já citado na apresentação deste livro), instituição que permite aos eleitores, por meio de um aplicativo, monitorar os trabalhos dos parlamentares. Trata-se de buscar maior transparência para entender rapidamente os melhores caminhos que nos levarão, sem dúvida, a uma sociedade com mais meritocracia de ideias.

MAIS UM PONTO IMPORTANTE: AS FAMÍLIAS TRADICIONAIS FORMAM GRANDES CONGLOMERADOS; OS **EMPREENDEDORES,** GRANDES **ECOSSISTEMAS.**

CAPÍTULO 7

UM NOVO ECOSSISTEMA

Meus pais diziam que eu deveria prestar concurso ou trabalhar em uma grande empresa. Carol e eu dizemos ao Fefê, à Oli e ao Pedro que peguem as ferramentas disponíveis e construam o próprio futuro – e o do Brasil junto, claro.

Romero Rodrigues, Rodrigo Borges, Ronaldo Takahashi e Mario Letelier precisaram de três computadores e 4.800 reais para criar o Buscapé. A ideia de produzir um site de comparação de preços surgiu quando os estudantes de Engenharia da USP buscavam especificações sobre uma impressora na internet e depararam com uma dificuldade enorme para resolver algo que parecia muito simples. Era 1999, e a internet ainda dava os primeiros passos no Brasil. Para muita gente, o esforço dos rapazes para pôr de pé o negócio não fazia muito sentido.

Ainda assim, naquele ano, os fundadores conseguiram um feito importante: a E-Platform, primeira empresa brasileira focada em ajudar a criar companhias de tecnologia, entendeu a proposta de valor do negócio e decidiu investir. Em 2001, o empreendimento registrou a primeira receita. Em 2009, exatos dez anos depois da fundação, a Naspers* comprou a startup, pagando 342 milhões de dólares por 91% da empresa.

---

* Naspers é um conglomerado de mídia e internet sediado na África do Sul e com operações em diversos países no mundo. A Naspers é a controladora da Prosus, sua divisão internacional de internet, tendo como principais ativos Tencent, Movile, OLX, Delivery Hero, Swiggy e PayU.

Os quatro fundadores do Buscapé não sabiam que seu site ajudaria a popularizar a internet no país, oferecendo um serviço que a população e os varejistas rapidamente valorizaram. Sua história de sucesso, entretanto, foi a exceção de uma regra que vigorou no Brasil por muito tempo. Fazer vingar um achado criativo qualquer por aqui exigia mais do que coragem. Era uma aventura destemida. Muita gente que poderia empreender acabou abrindo mão do sonho para se encaixar em um emprego estável. Quem não conhece uma história do que poderia ter sido? Apostas no risco foram abandonadas em nome da segurança.

Em junho de 2021, entrou em vigor no Brasil a lei que estabelece o Marco Legal das Startups e do Empreendedorismo Inovador. A ideia é criar um ambiente regulatório e de desenvolvimento para facilitar negócios e diminuir a burocracia, estabelecendo condições mais favoráveis para a criação de empresas movidas pela tecnologia. Os efeitos para o ecossistema ainda devem se fazer esperar, mas muitos outros sinais de vitalidade da Nova Economia já são evidentes. O ano foi o de maior sucesso da história para as startups. Segundo o Global Unicorn Index,[1] compilado pelo Hurun Research Institute, 2021 fechou com 1.058 unicórnios pelo mundo, quase o dobro do ano anterior. No Brasil, o mercado de capital de risco teve recordes e o país colocou mais onze nomes na lista das empresas que valem um bilhão de dólares ou mais. MadeiraMadeira, Hotmart, unico, Nuvemshop, Mercado Bitcoin, frete.com, Cloudwalk, Daki, Merama, Olist e Facily garantiram lugar no clube dos unicórnios de 2021.

Essa conquista reafirma que o Brasil já tem os pré-requisitos para ser um dos gigantes no mundo digital. Para Bedy Yang, sócia da 500 Startups – fundo de investimento que já destinou recursos para mais de 2,3 mil empresas em 75 países –, o Brasil é a última fronteira ainda inexplorada nesse mercado.[2] Bedy, reconhecida internacionalmente pelo faro apurado, considera que as condições para o Brasil ser cada vez mais atrativo aos olhos dos investidores estão dadas. Em janeiro de 2020, a 500 Startups lançou a primeira carteira voltada exclusivamente às startups brasileiras para converter em capital semente para o país.

Em 2021, o volume de aportes em startups brasileiras atingiu a casa de 9,4 bilhões de dólares, segundo levantamento da plataforma Distrito.[3] O número é 2,5 vezes maior que o investido em 2020. Nos EUA, entre janeiro e outubro do mesmo ano, foram 286,6 bilhões de dólares, segundo a consultoria GlobalData.[4] A distância entre nós e eles é larga, mas o caminho que a encurta vem sendo bem pavimentado. Os 9,4 bilhões de dólares vertidos por aqui representam uma marca recorde para o Brasil, e a alta nas rodadas de investimento no país – foram 779 ao todo – é outro indicador promissor.

Esse cenário favorável se confirma nas apostas feitas. Em setembro de 2021, numa clara demonstração da importância da América Latina em sua estratégia mundial, o conglomerado japonês SoftBank lançou um fundo de 3 bilhões de dólares para investir em empresas de tecnologia na região. No mesmo período, a Sequoia, uma das empresas de capital de risco mais prestigiadas do mundo, designou duas de suas sócias para buscar novos investimentos na América Latina. Em entrevista para a Bloomberg,[5] Sonya Huang, uma das profissionais escolhidas para a tarefa, afirmou: "Estamos vendo o ecossistema de startups começar a aquecer na América Latina. É semelhante ao Vale do Silício nos primeiros dias – há algo no ar quando se trata de otimismo com tecnologia e empresas querendo crescer".

O fundo de investimento Atlântico, no relatório *Transformação digital na América Latina 2020*,[6] analisou o cenário para o conjunto de países da região no período de 2011 a 2019 e concluiu que o investimento de risco saltou de 143 milhões de dólares para 4,6 bilhões de dólares no período. Do total de recursos destinados a países latino-americanos em 2019, quase 60% vieram aportar em empresas brasileiras. Vários fatores se somam para explicar essa mudança dos ventos em nosso favor, mas todos têm a ver com três questões fundamentais:

1. **Diversificação dos investimentos no Brasil;**
2. **Digitalização da economia brasileira com a consolidação de atributos que permitem modelos de negócio digitais;**
3. **Ecossistema cada vez mais abrangente.**

DIVERSIFICAÇÃO DOS INVESTIMENTOS NO BRASIL

Comecemos pelo mais óbvio. Rentabilizar carteiras de investimento com a taxa Selic em níveis razoáveis impôs desafios aos gestores financeiros no país, exigindo deles um esforço inédito para diversificar e encontrar ativos que garantissem maiores retornos. Um certo apetite por risco se torna obrigatório nesse tipo de situação – ou amarga-se rendimento negativo na renda fixa. Não há mágica. O levantamento feito pelo Atlântico entre julho e setembro de 2020 com trinta instituições gestoras no Brasil revelou que, entre *family offices*, os efeitos dos juros baixos se fizeram sentir: o plano passou a dobrar as alocações em capital de risco.

A Equitas, consolidada casa de investimento na Bolsa brasileira, é exemplo de quem tem experimentado investimentos como venture capital e criado uma diversificação maior para os cotistas. Outro fundo que passou a olhar a Nova Economia de maneira especial foi a Âmago Capital, que, em sua primeira carta ao mercado, relata que a história começa em 2015, quando decidiu "estudar o impacto de inovação nos modelos de negócio e as características desejáveis de uma gestora de recursos", para participar "do ecossistema de inovação brasileiro, investindo em startups".[7] Seus gestores afirmam ter analisado "a fundo o tema inovação em cursos de faculdades americanas", inclusive no MIT e em Stanford, e declaram ter preparado a Âmago "para, continuamente, aprimorar-se em entender muito bem o impacto tecnológico nas empresas listadas".

A Dynamo, um das maiores e mais importantes gestoras de fundos de investimento do Brasil, tem sinalizado a seus cotistas[8] que a transformação digital é fator decisivo para que uma empresa tenha sucesso na arena da competição. A gestora, inclusive, tem feito mudanças em seu *framework* de investimento, monitorando esforços de transformação digital das empresas em que investe, bem como das novas tendências tecnológicas. Passou, por exemplo, a definir melhor os riscos e oportunidades baseados no estado da transformação de uma empresa tradicional, bem como a compreender as iniciativas de transformação, concentrando esforços de análise em encontrar oportunidades no que ela chama de "novo mercado de software empresarial". Segundo a Dynamo, "haverá uma divisão competitiva fundamental entre as companhias que aceitam a necessidade de mudança e as que não aceitam". Para a gestora,

> as empresas que prosperarem usarão sua vantagem tecnológica para melhorar a oferta aos clientes, aumentar sua produtividade e eficiência, e atrair uma força de trabalho mais capacitada, enquanto as companhias que fracassarem terão enfrentado um cenário oposto.

Assim, conclui que, como investidora de longo prazo, deve levar em consideração o estado da transformação digital de uma companhia passível de receber seu investimento.

NOVA ECONOMIA

Apostando em uma tese de digitalização do varejo e disrupção do sistema financeiro, a gestora Absoluto Partners obteve em 2020 a melhor performance entre todas as gestoras de fundos *long only*[*] e monoproduto do Brasil. A Absoluto obteve uma valorização de 57% investindo em nomes como Stone e Magalu.

A redução estrutural da taxa de juros no Brasil, associada aos passos de gestoras como essas, aumenta a demanda por papéis de empresas da Nova Economia, o que estimula toda a cadeia de financiamento de startups, bem como de transformação de empresas da Velha Economia em Nova Economia. E assim seus resultados começam a aparecer também no mercado de ações.

Em 2022, mesmo com o aumento da taxa Selic para 10,75%, já havia se formado um pipeline de empresas pronto para continuar puxando investimentos para o ecossistema. O período de baixa de juros permitiu ao mercado descobrir os investimentos na Nova Economia e obter referências e resultados. Mesmo com flutuações nas questões econômicas, como aumento da inflação, por exemplo, que afeta diretamente o apetite dos investidores, as perspectivas são boas.

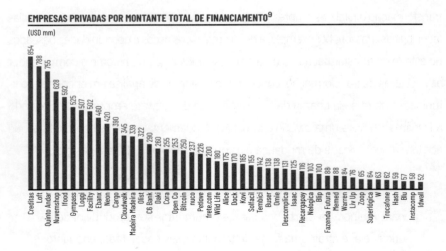

EMPRESAS PRIVADAS POR MONTANTE TOTAL DE FINANCIAMENTO[9]
(USD mm)

---

[*] São fundos que compram ativos com foco na valorização no longo prazo. É mais recomendado para estratégias baseadas em tendências. Portanto, fundos *long only* aceitam bem volatilidade no curto e médio prazo.

UM NOVO ECOSSISTEMA

O CAPITAL PRIVADO BRASILEIRO CRESCE CONTINUAMENTE[10]
Evolução do capital de risco no Brasil
(USD mm)

	Investimento	Serie A	Serie B	Serie C	Serie D+
2022	242	149	17	0	260
2021	288	681	2.103	1.274	4.124
2020	202	399	554	535	403
2019	115	280	351	120	1.201
2018	71	246	77	115	958
2017	38	106	91	379	199
2016	36	62	84	90	160

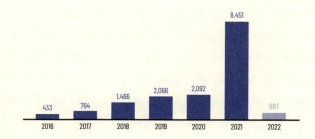

DIGITALIZAÇÃO DA ECONOMIA BRASILEIRA

Quando olhamos para a digitalização da economia, temos um cenário empolgante no país, embora o Brasil ainda seja terrível em termos de burocracia e maus serviços. Cada vez mais, gestores de fundos de investimentos se dão conta de que, apesar de sermos uma terra de desigualdades imensas, somos também lugar de oportunidades únicas. Há tantos problemas para resolver que nossas fronteiras oferecem território fértil para o lançamento e a experimentação de novas ideias, especialmente quando a tecnologia entra em cena. Empreendedores estão criando soluções para muitas questões que décadas de má gestão não encaminharam, gerando novas fontes de renda para a população, oferecendo acesso a produtos e serviços antes inalcançáveis a boa parte dos brasileiros e descomplicando a vida de todos nós.

O pagamento do auxílio emergencial do governo federal durante a pandemia de covid-19 levou milhões de brasileiros a abrir sua primeira conta bancária. Nem preciso recordar a que custo isso foi feito: filas intermináveis, falta de

NOVA ECONOMIA

informação, sistemas que simplesmente não funcionavam, além do, evidentemente, total fracasso em manter o distanciamento social. Um sacrifício imenso imposto à população sem levar em conta, por exemplo, inovações como as desenvolvidas pelo Nubank, que é capaz de *bancarizar* dispensando agências e todo o aparato que foi exigido das pessoas naquela ocasião.

As startups que oferecem tecnologia para o varejo no Brasil eram cem em 2011. Em 2021, subiram para 760.[11] Elas chegam para resolver gargalos logísticos, operacionais e de acesso nos mais diferentes cantos do país. Já falei de como a tecnologia permitiu ao Magalu dar a habitantes do interior de São Paulo a possibilidade de adquirir produtos num catálogo enorme de opções, pondo fim à era em que tinham de escolher entre as duas geladeiras em estoque no fornecedor da cidade. Isso significa ganho em qualidade de vida, em liberdade de escolha. Outros exemplos de como as empresas da Nova Economia podem fazer a diferença para os brasileiros não faltam.

A plataforma da MaxMilhas, ao permitir às pessoas aproveitar milhas que não seriam usadas, vendendo as suas ou comprando as de alguém, deu a muita gente a possibilidade de realizar um sonho. O pessoal da Adam Robo usou soluções de inteligência artificial para tornar extremamente simples a realização de testes de visão e democratizar o acesso a um recurso básico para milhões de pessoas. A Kickante criou uma plataforma de *crowdfunding* a fim de dar vida a projetos nos quais antes nenhuma empresa investiria, tornando-os viáveis graças à escala das pequenas contribuições em rede.

Essa é uma das razões pelas quais a Nova Economia é tão motivadora. Pela primeira vez em nossa história, o empreendedorismo entusiasma os brasileiros, que encontram uma teia de participantes dispostos a dar apoio uns aos outros de diferentes formas, desde o dia em que a ideia começa a tomar forma até o momento em que a empresa ganha capacidade para mudar drasticamente um mercado.

Pesquisa realizada pelo Atlântico[12] com cerca de 1.700 alunos de 301 universidades do país mostra que 39% pretendem criar uma startup no futuro. Entre os estudantes de ciências da computação, o percentual chega a 60%. Além disso, no total dos pesquisados, 26% afirmaram querer trabalhar para empresas de tecnologia. Outro dado relevante que o Atlântico trouxe à luz com base em informações do Euromonitor International – Economies and Consumers Annual Data e do Banco Mundial: no país vêm crescendo sistematicamente o número de jovens que buscam formação nas áreas de Ciências, Tecnologia, Engenharia e Matemática (STEM, na sigla em inglês), preenchendo a histórica carência de talentos no setor. O Brasil demorou vinte anos para formar 2,5 milhões de alunos em STEM, mas, entre 2010 e 2019, observou-se um incremento de 3,1% no total de formados nas áreas de Biomédicas, Física, Matemática e Computação e de 10,9% nos graduados em Engenharia. Os estudantes estão, finalmente, buscando carreiras na área. A necessidade de formar profissionais capazes de tornar relevante o desenvolvimento de tecnologia no país fez nascer, em 2021, o Instituto de Tecnologia e Liderança (Inteli). A iniciativa partiu dos sócios do banco BTG Pactual e é inspirada nas universidades americanas, com modelo de ensino focado em projetos. Não à toa também surgiu a primeira faculdade de empreendedorismo no Brasil, a Link School of Business, uma escola cujo objetivo é oferecer ferramentas ligadas ao mundo corporativo para aqueles que desejam se aventurar na construção de um negócio próprio.

Ainda assim, temos um longo caminho até equacionar a carência histórica. As empresas de tecnologia ainda precisam recorrer à estratégia de adquirir outras empresas para preencher a falta de talentos. O iFood comprou a startup brasileira de inteligência artificial Hekima de olho em seus especialistas de desenvolvimento de algoritmos de inteligência artificial. O Nubank precisou anexar a Plataformatec para reforçar seu time de engenheiros de software. A Gympass foi buscar em Portugal a Flaner, a fim de criar experiências personalizadas para seus usuários.

Na outra ponta da cadeia, brasileiros de baixa escolaridade se voltam cada vez mais para startups em busca de trabalho. Nada menos do que 3,8 milhões usaram aplicativos de transporte e entrega como fonte de renda em 2019. Uber, 99 e iFood se tornaram, juntos, o maior empregador privado do país, de acordo com a Pesquisa Nacional por Amostra de Domicílios Contínua, realizada pelo Instituto Brasileiro de Geografia e Estatística, divulgada no período.[13] Cresce a importância das plataformas digitais, uma vez que um maior número de trabalhadores procura

NOVA ECONOMIA

e encontra oportunidades nelas. A Nova Economia cria uma demanda crescente por trabalhadores autônomos (economia de compartilhamento), o que dá escala a suas operações, aumentando as chances de incluir todos, independentemente de experiência prévia, sexo, cor, idade ou classe social. Nessa toada, ao mesmo tempo que atendem à demanda do mercado por seus produtos e serviços, as empresas oferecem a milhões de pessoas a possibilidade de ganhar o próprio sustento ou completar a renda familiar de modo flexível.

Outro aspecto importante que mostra como o Brasil é um território propício às empresas da Nova Economia diz respeito à digitalização da população. De acordo com o relatório Digital 2021,[14] produzido pela We Are Social em conjunto com a Hootsuite, 77% da população brasileira tem acesso à internet (a média global é de 62,5%). Cerca de 165 milhões de habitantes do país são usuários da rede. Despendendo em média mais de dez horas por dia na web, nada menos do que 85% deles navegam todos os dias, bem acima da média global, de quase sete horas. Já a *32ª Pesquisa Anual*[15] do Centro de Tecnologia de Informação Aplicada da Escola de Administração de Empresas de São Paulo, da FGV, realizada em junho de 2021, apontou a existência de 242 milhões de smartphones em uma população que não chega a 212 milhões de pessoas.

A penetração da internet e dos telefones inteligentes, somada ao hábito de estar na rede, abre caminho para o uso maciço de aplicativos no Brasil. Somos quase 150 milhões de usuários ávidos pelas novidades que a internet nos traz, aceitando com gosto as inovações da tecnologia, que vem moldando novos costumes. Comprar pela internet, que já era uma tendência em alta antes da pandemia, se torna a primeira opção de consumo para um número cada vez maior de pessoas. Na infeliz onda da covid-19, o faturamento do comércio eletrônico mais que dobrou, passando de 26,4 bilhões de reais no primeiro semestre de 2019 para 53,4 bilhões de reais no mesmo período de 2021.[16]

Os investidores estão entendendo tudo isso e começam a apostar com maior consistência no Brasil. Os fluxos de capital para financiar a inovação por aqui aumentaram tanto de fontes locais como de globais, além de jorrar do próprio ecossistema. Há duas décadas, quando alguém tinha uma boa ideia e queria montar uma empresa, estava sozinho na multidão. Se lhe faltassem referências técnicas e contatos comerciais, deveria procurá-los sozinho e contar com a sorte de encontrar um bom samaritano disposto a colaborar. Quanto a possíveis investidores, simplesmente não existia um ambiente propício ao empreendedorismo – pelas razões todas que vimos nos capítulos anteriores. Hoje, isso mudou, especialmente porque nosso ecossistema cresceu em bases sólidas. Felizmente!

ECOSSISTEMA MAIS ABRANGENTE

Quando um ecossistema ganha vigor, confere força aos novos entrantes. Das incubadoras à bolsa de valores, há cada vez mais incentivo ao nascimento de startups, condições e meios para que sobrevivam e prosperem, motivando novos empreendedores a pôr em prática ideias de todo tipo. É nesse território fértil que os investidores fazem várias apostas. Sem diversidade, não dá para montar um portfólio. Um investidor não pode ter medo de errar, mas precisa ter muitas opções. Estamos falando de capital de risco, ou seja, dinheiro investido com muita incerteza de retorno. Ele chega às empresas por intermédio dos investidores-anjo (pessoas físicas que destinam capital próprio a iniciativas que consideram promissoras) ou dos chamados fundos de investimento, numa cadeia que acompanha o processo de desenvolvimento do novo negócio, do fomento à ideia inicial até a oferta pública de ações.

O capital semente (*seed capital*, em inglês) – como o próprio nome sugere – é outra fonte de recursos que serve a empresa em seus momentos ainda embrionários, quando é preciso encontrar apoio para dar os primeiros passos. Aqui também falamos de valores pequenos, fornecidos majoritariamente por pessoas físicas (familiares e amigos especialmente), que permitem ao empreendedor organizar e implementar suas operações. É o dinheiro que cobre a fase de ideação, aquela em que os fundadores avaliam possibilidades para desenvolver a ideia, entender os problemas e definir o mercado que pretendem ocupar.

Interessante é observar aqui o papel de quem já está no ecossistema fomentando a entrada de novas empresas. São eles os primeiros a pôr a mão no bolso para financiar uma boa ideia. A Trybe, que foi concebida para formar desenvolvedores web, recebeu do Norte Ventures – fundado por Gabriel Benarrós, Bruno Nardon e Gustavo Ahrends, que já haviam empreendido, respectivamente, com a Ingresse, a Rappi e o fundo Sow Capital – os recursos iniciais para atender à demanda crescente por mão de obra essencial às empresas da Nova Economia. O norte-americano Brian Requarth, fundador da VivaReal, uma das empresas mais bem-sucedidas no mercado imobiliário brasileiro, ajudou negócios como Quinto Andar, Glassdoor (antiga Love Mondays) e Decorati a acelerar. O paulista Luciano Tavares, que criou a Magnetis, plataforma destinada a dar a investidores iniciantes ferramentas para criar sua carteira personalizada, de fácil acesso, com baixo custo e lucros maiores, teve sob suas asas Conta Azul, Rock Content, Asaas, Clicksign e Creditas.

As incubadoras, por sua vez, fornecem ferramentas, espaço físico e, eventualmente, até o próprio capital semente para que as startups possam entrar na fase de validação, quando, já formalizadas, iniciam atividades. Tradicionalmente as incubadoras no Brasil são vinculadas a universidades, que costumam abrir espaço para ideias dos próprios alunos. A Unicamp, por exemplo, tem uma agência – a Inova – para apoiar seus estudantes que desejam abrir a própria empresa. A universidade provê um parque tecnológico para que transformem ideias em negócios. É um progresso e tanto ver escolas importantes incentivarem os estudantes a trilhar um caminho que eles mesmos vão construir. Por aqui, historicamente, a preferência sempre foi por formar pessoas para ter bons empregos na iniciativa privada ou prestar concurso público.

Segundo o Ministério da Ciência, Tecnologia, Inovações e Comunicações,[17] em 2019, o Brasil tinha 363 incubadoras, das quais 61% eram mantidas por universidades. Embora ainda estejam majoritariamente ligadas ao ambiente acadêmico, aos poucos, esses organismos vão se integrando ao ambiente empresarial, preservando, no entanto, o caráter de formação, oferecendo aos novos empreendedores sessões de mentoria, cursos diversos, laboratórios para testes, enfim, o básico para que cada um aprenda com a própria experiência e com a de quem está ao seu lado, e se sinta estimulado pelo exemplo dos pares. As incubadoras também promovem eventos de *networking* e fornecem hospedagem de dados em nuvem e infraestrutura necessária à operação. Em

2014, por exemplo, o Itaú criou o Cubo e passou a oferecer um espaço físico e digital onde, atualmente, cerca de trezentas empresas já consolidadas e startups convivem e trocam experiências. O Bradesco investiu no inovaBra para fomentar parcerias com startups que têm soluções aplicáveis ou adaptáveis a serviços – financeiros ou não – que possam ser oferecidos ou usados pelo banco. No fim de 2021, o espaço InovaBra Habitat contava com 79 empresas e 206 startups.

Quando devidamente abrigada, orientada e estruturada, a startup começa a faturar, e aí as aceleradoras entram no jogo. Escalar é um desafio e tanto e impõe provas inimagináveis para quem está entrando no ecossistema. São as aceleradoras que assumem a missão de oferecer consultoria, treinamento e, especialmente, uma rede de contatos de onde possam jorrar recursos financeiros necessários para avançar no modelo de negócios, dando tração às empresas. Em troca dessa força, normalmente, recebem uma participação acionária. A Endeavor é uma organização global sem fins lucrativos que está há vinte anos no Brasil organizando uma rede de pessoas para ajudar a desenvolver o empreendedorismo no país. Funciona ao mesmo tempo como incubadora e aceleradora, impulsionando conexões entre empreendedores e mentores, além de prover trocas entre pares e contato com possíveis investidores. O empreendedor se sente acolhido no ecossistema, estimulado a ir em frente e amparado em suas dificuldades. Em contrapartida, empresas já consolidadas podem tirar proveito do ritmo de inovação alcançado pelas startups. A Oxigênio, por exemplo, é uma aceleradora que nasceu do desejo da Porto Seguro de fomentar empresas capazes de ajudá-la a otimizar seus processos e a criar novos produtos.

Um estudo do Núcleo de Inovação e Empreendedorismo da Fundação Dom Cabral[18] revelou que um negócio instalado em uma aceleradora, incubadora ou em um parque tecnológico conta com um fator de proteção a mais e tem maiores chances de sobreviver que outro acomodado em escritório próprio ou alugado. O compartilhamento de informações e de experiências relativas a gente, cultura, estratégia de crescimento e acesso a capital é fator crucial de sucesso na Nova Economia.

NOVA ECONOMIA

Até o estágio de aceleração, todos que investiram numa ideia ou numa startup assumiram riscos altíssimos. Não existem indicadores oficiais, mas aqui e ali encontramos estimativas que nos dão uma ideia da taxa de mortalidade nesse ambiente. O mesmo estudo da Fundação Dom Cabral mostrou que pelo menos 25% das startups morrem em um ano ou menos; enquanto 50% chegam no máximo a quatro anos de vida, e outras 75% não ultrapassam a adolescência, encerrando atividades até os 13 anos. Mas antes que alguém venha com considerações a respeito da fragilidade das startups, eu já replico: quantos novos projetos prosperam nas empresas da Velha Economia? Qual o nível de descarte de planos e ideias? Quem nunca viu o dinheiro virar pó acreditando estar investindo em um projeto de sucesso que atire a primeira pedra.

Os fatores de insucesso precisam ser vencidos – na Nova e na Velha Economia – e, quando isso acontece, é fundamental que as empresas ganhem musculatura, fase que requer doses extras de recursos financeiros. Os fundos de venture capital atuam em peso nesse estágio, garantindo os investimentos necessários para que a startup possa entrar em um mercado maior. Em troca, ficam com uma participação acionária, geralmente minoritária, que lhes garantirá lucros quando saírem do negócio lá na frente. Aposta-se em empresas com bom potencial de valorização, que compense os investimentos, também elevados. A General Atlantic é uma das que souberam como poucos pulverizar o capital e hoje exibe um portfólio de fazer inveja, no qual aparecem startups inovadoras de grande potencial, empresas disruptivas em franca expansão e companhias que reconfiguraram mercados e já foram listadas em Bolsa.

Dos *family offices* acumuladores de riqueza e bilhões para investir – até há pouco invariavelmente destinados à renda fixa – aos fundos de *private equity* que historicamente optaram por empresas mais maduras (no Brasil especialmente, pelas mais tradicionais, com anos de mercado), estamos presenciando uma mudança inédita. Em 2020, pela primeira vez na história, os investimentos em venture capital superaram o montante aportado em empresas por fundos de *private equity* – foram 15 bilhões de reais em transações contra 9 bilhões, segundo pesquisa da Associação Brasileira de Private Equity e Venture Capital

(ABVCAP) e da consultoria KPMG. Isso demonstra a força da inovação. A aposta nas startups emergentes superou o volume em negócios consolidados.

Em 1990, o economista americano Harry Markowitz[19] recebeu o Prêmio Nobel de Economia por sua moderna teoria de portfólio, argumentando que o risco de um investimento e o perfil de retorno não devem ser avaliados isoladamente, mas sim como parte do portfólio geral. Markowitz descobriu que os investidores que diversificavam seus ativos obtinham retornos semelhantes aos de investidores não diversificados sem ter de assumir maiores riscos. Por isso, grandes gestores aconselham combinar diferentes ações e títulos de renda fixa para multiplicar os ganhos. No Brasil, no entanto, não há ativos suficientes na Bolsa, uma vez que o número de empresas de capital aberto ainda é pequeno, o que apresenta uma avenida enorme para investimentos alternativos, como os feitos nas startups.

Alguém, contudo, pode retrucar que os investimentos em startups são ilíquidos... Como muitos outros investimentos, aliás. Imóveis, por exemplo. E muita gente investe neles. Hoje, um número cada vez maior de fundos tem criado caminhos para levar mais startups maduras à Bolsa. Esse movimento traz luz ao horizonte de liquidez. Vamos tentar entender melhor isso.

A emergência da Nova Economia, aliada às condições do Brasil, nos leva a questionar nosso conformismo em ser o país das *small caps** na Bolsa, e o motivo disso é que as empresas tradicionais se acostumaram a não crescer, apenas mantêm sua posição dominante. O auge da falta de tato com a Nova Economia é o questionamento perverso e recorrente dos que são míopes para toda a discussão: por que as empresas da Nova Economia têm sido tão valorizadas? Para responder a essa pergunta, deve-se ter em mente um atributo comum a essas organizações: o período em que podem crescer a taxas elevadas. E não estou aqui desconsiderando outros elementos de valor, apenas destacando aquele que merece maior atenção. Embora uma empresa da Velha Economia possa ter hoje receita maior do que a de uma empresa da Nova Economia, a avaliação se baseia na receita futura, no fluxo de caixa e na rentabilidade final

---

* Companhia listada em Bolsa com pequeno valor de mercado. Em geral é uma empresa cuja capitalização é inferior a um bilhão de dólares.

NOVA ECONOMIA

desta última, que tendem a ser muito maiores. Os fundos de venture capital já estão acostumados a essa lógica. É por isso que, no mercado privado, existe uma grande excitação com as empresas da Nova Economia.

Entretanto, no Brasil ainda temos poucos fundos de investimento que encaram a lógica de altíssimo crescimento. Apostar na Nova Economia implica acreditar em organizações que executam planos grandes e arriscados, sempre baseados em diferenciação do produto, *go-to-market* agressivo, olhar voltado apenas para mercados muito grandes, visão global e expansão para adjacências. Pouquíssimas empresas na Bolsa têm essas características. Uma é a Stone, que definiu novos parâmetros para operar o negócio de *adquirência* no Brasil incluindo um produto muito moderno e serviços em um patamar nunca antes visto na categoria. Historicamente, a Stone tem uma receita muito menor que a Cielo, mas é avaliada em múltiplos extremamente mais altos.

A Stone é listada na Bolsa nos EUA, assim como várias outras empresas da Nova Economia brasileira. Um dos motivos para isso é a existência de uma infinidade de fundos por lá que apostam nesse perfil e, logo, trazem liquidez para as ações de empresas assim. Com a Stone crescendo a taxas elevadas por um longo período e exibindo todos os atributos que indicam que deve continuar a expandir, alcançando uma posição relevante e com margens estruturalmente boas e sustentáveis, os investidores estão pagando (e devem continuar a pagar) o que parece ser um múltiplo alto por ela.

Os investidores da Nova Economia reconhecem a mudança da estrutura econômica e rapidamente se adaptam. Logo, é como se o cronômetro fosse zerado, e uma corrida começasse de novo. As empresas da Velha Economia insistem em negar isso como forma de sustentar o *statu quo*. O mercado, porém, tem mandado a mensagem. Até pouco tempo, quem poderia imaginar que uma empresa com o modelo de negócios da Enjoei – plataforma de vendas de roupas e acessórios usados – abriria capital na Bolsa? E uma empresa que se atreveu a lançar um programa de fidelidade sem estar atrelada a uma companhia aérea? Fundada no começo dos anos 2000, a Dotz conseguiu impor seu modelo que permite ao usuário acumular e trocar pontos com diferentes parceiros. Em outubro de 2020, tendo já atingido a marca de 45 milhões de clientes cadastrados, anunciou sua intenção de abrir o capital na Bolsa (IPO), o que de fato aconteceu em maio de 2021. Em 2020, a Locaweb, empresa de soluções B2B para transformação digital de negócios, e a Méliuz, programa de fidelidade, realizaram sua bem-sucedida abertura de capital. Em 2022, já havia verdadeiros ecossistemas tech na Bolsa de Valores de São Paulo. Os trinta maiores players somavam, no início do ano, um trilhão de reais em capitalização. Nesse leque tecnológico, estão incluídas financeiras (além da Stone, d-local, Nubank, Inter, PagSeguro e XP); empresas de e-commerce e marketplaces (Mercado Livre, Getninjas, Magalu, Enjoei, Americanas, Mobly e Westwing); de infraestrutura para e-commerce (VTEX, Locaweb, Mosaico, Infracommerce, Clearsale, Méliuz, Zenvia e Dotz); edtechs, de educação (Vitru, Vasta, Arco); de infraestrutura para e-commerce; de software (Totvs, Neogrid e Sinqia); de apoio à transformação digital (Globant, CI&T, TU, Eletromidia e Bemobi). O mercado está amadurecendo rapidamente e tornando as janelas de liquidez cada vez mais longas. Estreias como essas na Bolsa apontam para um apetite maior do investidor por empresas digitais brasileiras – mesmo em um momento de volatilidade.

Obviamente, o mundo dos investimentos é complexo, mas é preciso estar atento: crescimento expressivo e contínuo nunca fez parte do *mindset* do empresário brasileiro; agora, ele precisa encarar uma nova lógica que aporta no mercado de capitais por aqui. O empreendedor da Nova Economia vai trazer à tona a oportunidade de investir em empresas de forte crescimento. Os múltiplos de suas empresas serão ajustados de maneira mais expressiva do que os múltiplos das empresas da Velha Economia. A pressão vai aumentar muito.

Os *venture capitalists*, animais comuns no ambiente digital, com apetite voraz por risco e afiados com a experiência de fundadores de empresas que já alcançaram sucesso na Nova Economia, usam o dinheiro que ganham para reinvestir no ecossistema, como já mostrei em vários exemplos anteriores. O próprio Atlântico, mencionado no início do livro, é um fundo criado por iniciativa de Julio Vasconcellos e Guilherme Telles – o primeiro, idealizador do Peixe Urbano, uma das primeiras grandes startups do país; e o segundo, responsável pelo lançamento da Uber no Brasil. O Norte Ventures, provedor de capital semente,

NOVA ECONOMIA

conta com cem investidores, todos fundadores de startups. Os fundadores do Mercado Livre, a maior plataforma de compra e venda on-line da América Latina, montaram o Kaszek, o próprio fundo para "ajudar", como eles mesmos anunciam no site da organização, "empreendedores excepcionais a criar empresas incríveis". O venture capital já tem oito unicórnios no portfólio: Nubank, QuintoAndar, Creditas, Loggi, Gympass, MadeiraMadeira, Kavak e Bitso. Depois de fazer da Loft o 11º unicórnio brasileiro, Florian Hagenbuch criou o Canary, que se propõe a ser "um parceiro empreendedor e bem conectado" para ajudar "de maneira impactante" startups a decolar com uma primeira rodada de venture capital.

Quando o empreendimento já atingiu o estágio de maturação e oferece menor risco, os fundos de *private equity* entram no jogo. Grandes aportes privados (lembrando que a startup em questão ainda não abriu capital) irrigam as empresas com potencial de crescimento a médio e longo prazo. O objetivo é claro: escalar suas operações para lucrar lá na frente com a venda. Empresas, instituições, fundos de investimento e investidores individuais fazem os aportes em troca de participação acionária e até mesmo na gestão. Vale destacar aqui instituições como o Advent International, um dos mais importantes e bem-sucedidos fundos de investimento do mundo. O escritório no Brasil, instalado em São Paulo, concentra a maior equipe de especialistas da instituição na América Latina, permanentemente esquadrinhando nosso ecossistema em busca de oportunidades.

Por fim, as grandes empresas também podem entrar nesse jogo. Chama-se *corporate venture* a iniciativa da Velha Economia de investir na Nova, reconhecendo os valores de cada uma. A empresa já estabelecida precisa inovar. A startup depende de recursos, clientes e estrutura para crescer. Movidas por necessidades complementares, elas se unem numa parceria benéfica para ambas. Já mencionei aqui o programa de incubação e aceleração da Porto Seguro, por exemplo, que financia e colabora com startups voltadas ao desenvolvimento de soluções que podem rapidamente assimilar em suas operações. Entretanto, **é muito importante uma reflexão: se uma empresa cria seu ecossistema para se conectar a startups, mas mantém o *mindset* e o modelo de gestão da Velha Economia, então os efeitos serão insignificantes e vão servir apenas para decorar os slides para investidores.**

UM NOVO ECOSSISTEMA

É com recursos de diferentes fontes que vamos criando um novo Brasil, mas não sejamos ingênuos. O caminho é árduo. O estudo da Associação Brasileira de Startups (Abstartups)[20] mostrou que mais de 70% das startups nunca receberam nenhum tipo de aporte de investidores. Ainda assim, no início de 2022 já tínhamos 13.865 delas no país. Se o número absoluto pode não parecer muito alto, ganha relevância quando observado em perspectiva. O total é vinte vezes maior que no início da década de 2010, quando a entidade registrava seiscentos negócios.

Vale fazer agora uma parada técnica para explicar expressões que dizem respeito ao universo de investimento nas empresas da Nova Economia. Cada rodada de aporte de recursos numa startup já consolidada é designada "série", e cada uma diz respeito a um ponto na curva de desenvolvimento da companhia. A Série A remete à primeira vez que a companhia recebe venture capital, em volume que varia de 2 milhões a 20 milhões de dólares e num momento em que seu modelo de negócio já foi definido, e o mercado conhece relativamente o produto ou serviço que oferece, mas ela precisa aumentar a escala de produção, melhorar a distribuição e expandir a atuação. A Série B, por sua vez, derrama na empresa dezenas de milhões de dólares para que uma startup já consolidada possa expandir, aprimorar processos, recrutar talentos, instituir novas áreas e conquistar novos mercados. Por fim, a Série C marca a entrada de centenas de milhões de dólares na empresa, com investimentos pesados de fundos de venture capital e *private equity* para ampliar escala e fomentar a expansão internacional. É sempre assim: a cada novo aporte, uma nova série.

A Movile, por exemplo, nasceu em 1998 em uma pequena sala na incubadora de empresas da Unicamp, e hoje tem planos para impactar a vida de um bilhão de pessoas com suas startups e investidas: iFood, Sympla, Afterverse, Sandbox, Movile Pay, Zoop, Sinch, Moova, Mensajeros Urbanos e a55. Desde o primeiro aporte de capital semente, provido pelos fundadores quando ainda se chamava Compera (Movile era o nome de uma empresa de marketing móvel adquirida em 2007 e foi adotado apenas em 2010), até agora, o grupo vem regularmente recebendo investimentos para ampliar e diversificar suas operações, inclusive com fusões e aquisições. A primeira rodada de investimentos da Movile (Série

NOVA ECONOMIA

A) data do ano 2000, quando conseguiu 1 milhão de dólares. Depois disso, a empresa recorreu ao mercado mais algumas vezes buscando consolidar-se. No último aporte, em 2021, recebeu 1 bilhão de reais (200 milhões de dólares) – o maior investimento primário em uma única rodada desde a fundação da empresa. A cada novo investimento, a Movile impulsiona suas startups promissoras injetando dinheiro, capital humano e recursos técnicos para ajudá-las a crescer além do que sua equipe fundadora jamais imaginaria possível.

Em todas as rodadas de investimento, o dinheiro entra em troca de participação acionária. Como buscar recursos demanda tempo e energia, não é raro que empreendedores tenham de desviar atenção do desenvolvimento e aprimoramento de produtos e processos da empresa para dedicar-se a reuniões e mais reuniões destinadas a angariar confiança de investidores e assegurar os recursos necessários para pôr a ideia para funcionar. Encontrar um parceiro adequado nesse momento, portanto, significa ter com quem dividir o trabalho pesado e poder prosseguir no aprimoramento do negócio enquanto alguém se encarrega de assegurar a viabilidade financeira da empresa. Mais do que capital, portanto, um investidor pode trazer *expertise* de gestão, avaliando com lupa o modelo de negócios, a equipe, os processos, enfim, as entranhas da empresa, apontando os problemas e até sinalizando alternativas para resolvê-los. Travis Bryant, cofundador do Redpoint, fundo de venture capital que investe em parcerias com milhares de empreendedores há duas décadas, fala abertamente sobre essa perspectiva. Para ele, a Redpoint é diferente não apenas pelo histórico de investimentos, mas também pelo valor que agrega às empresas com as quais trabalha. "Desde a primeira reunião, o empreendedor deve sentir que somos fáceis de trabalhar, temos uma visão específica apropriada e estamos comprometidos em dar vida a sua ideia", diz em texto publicado no site da empresa.[21]

Compartilhar valores é outro aspecto fundamental. A Monashees, por exemplo, define em um manifesto[22] de poucas linhas tudo o que o empreendedor precisa saber sobre a gestora de investimentos. "Existe um outro mundo a ser construído", diz a primeira linha do texto. "Existem pessoas que querem construir esse mundo. Que questionam o que já existe e revolucionam mercados, usando tecnologia para solucionar problemas relevantes, gerar valor e melhorar

UM NOVO ECOSSISTEMA

a vida de todos nós", prossegue, concluindo o seguinte: "é com essas pessoas que formamos uma rede de criadores de novos caminhos". Fica bem claro que, se alguém não estiver disposto a sonhar alto, nem deve bater naquela porta.

Voltando ao ponto sobre empreendedores que estão realimentando o ecossistema da Nova Economia, eu poderia fazer uma lista extensa, mas a lição é a mesma: quem desbrava o território da inovação uma vez é para sempre fisgado pela inquietação. Peter Drucker, considerado o pai da gestão moderna, costumava dizer que "o que os empreendedores têm em comum não é determinado tipo de personalidade, mas o compromisso com a prática sistemática da inovação".[23] Na Nova Economia, depois de pôr de pé um negócio disruptivo, o pessoal pega gosto, e usa o dinheiro ganho para alavancar novos projetos, movido pelo desejo de fazer uma ideia (a sua ou a de outrem) aparecer, melhorar a realidade a sua volta, mudar o país, recriar o mundo.

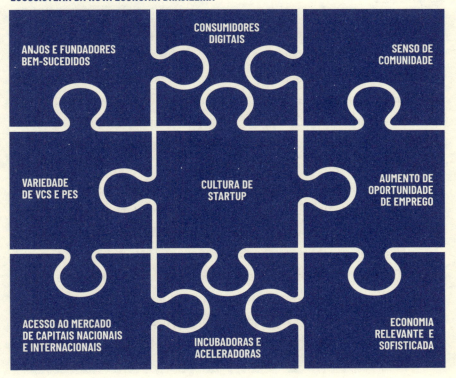

ECOSSISTEMA DA NOVA ECONOMIA BRASILEIRA

CAPÍTULO 8

NOVOS MODELOS DE NEGÓCIO

O sucesso da Velha Economia é frágil.
A paranoia por ideias da Nova Economia é antifrágil.

Estabelecer um conceito único sobre o que vem a ser *modelo de negócio* está longe de ser tarefa simples. Tradicionalmente, dizemos que ele descreve a lógica da criação, entrega e captura de valor por uma empresa. O que, para o propósito do que vamos abordar aqui, pode ser traduzido pelo desenho lógico da organização do negócio, aquele que possibilita ao empreendedor encontrar a oportunidade que está buscando. Em última instância, é a forma escolhida para alocar os recursos da empresa, a fim de que ela possa efetivamente entregar determinado produto ou serviço.

Entretanto, de nada adianta discutir modelo de negócio sem entender o conceito de estratégia, que é o mais importante de elucidar neste primeiro momento. Apesar de ser uma palavra amplamente utilizada, é muito comum ver acionistas e executivos usando-a como exemplo de "vital", "importante" e "longo prazo". Diferente de missão, visão, objetivos, prioridades e planos, estratégia é resultado de escolhas sobre onde atuar e como vencer para gerar valor e maximizá-lo no longo prazo. **Portanto, a estratégia precisa ser encarada como as escolhas que alguém faz para atingir um desempenho muito alto, envolvendo alternativas que implicam o que fazer versus o**

que não fazer. Estratégia envolve decisões não frequentes, difíceis de reverter, relacionadas à competição e com consequências relevantes.
De maneira bem simples, podemos dizer que a estratégia é definida pela escolha, dentre as opções possíveis (e até impossíveis), de como ir de um ponto A para um ponto B. O caminho escolhido, entre várias opções, vai depender fundamentalmente da visão estabelecida de antemão.

Para o exemplo, sigamos na simplicidade: imagine que entre São Paulo e Rio de Janeiro existam três estradas: uma super-rápida e insegura; outra menos rápida e mais ou menos segura; e uma lenta e muito segura. São três opções estratégicas, e a escolha do motorista vai depender de seu propósito. Saindo de São Paulo está, digamos, alguém cujo filho vai nascer no Rio de Janeiro. Se o objetivo é ver o filho nascer, ele tomará a via mais rápida e insegura; mas se a prioridade for viver com o filho por décadas, seguirá pela mais lenta e segura, correndo o risco de perder o nascimento.

Muito bem, mas por que começar discutindo o conceito de estratégia é tão importante? Porque ele é central quando levamos em consideração a competição que existe em um mercado. Quanto mais entrópico e volátil ele for, maior vai ser a necessidade de ir fundo nas opções disponíveis e, eventualmente, a necessidade de ajustar a estratégia em períodos de tempo mais curtos. Insisto: estamos em um mundo frágil, ansioso, não linear e incompreensível. É preciso saber ser dinâmico nesse processo de ajustes, mas também é importante ter a possibilidade de fazê-lo de maneira mais organizada. Em mercados viciados pelo protecionismo e dominados pelos oligopólios, as empresas não precisam se preocupar com esse desconforto. E aqui estabelecemos mais um marco da distância que separa Velha e Nova Economia.

No Brasil vivemos historicamente em um ambiente com nível de competitividade baixo (quem entender que não, vale ver o nível de competitividade dos EUA, da Ásia e da Europa Ocidental), em função da altíssima dificuldade de empreender e da baixíssima integração brasileira nas cadeias globais. A título de exemplo, o estudo *Competitividade Brasil 2019-2020*,[1] elaborado pela Confederação Nacional da Indústria, mostrou que o Brasil, quando comparado com economias similares, aparece em penúltimo lugar em competitividade entre dezoito países. Na prática, o país sempre minimizou duas fontes de concorrência: os estrangeiros e os empreendedores. Os primeiros enfrentaram grandes barreiras de entrada, como impostos de importação ou arcabouço regulatório esdrúxulo para operar no país. Os segundos também, como insuficiência de crédito ou uma burocracia desanimadora. Assim, a Velha Economia sustentou-se, majoritariamente, nos produtores locais, grandes e com fácil acesso ao governo, que mantém seus mercados relativamente blindados. É exatamente esse cenário que cria uma cegueira em boa parte dos acionistas e executivos brasileiros, habituados a tomar decisões em um ambiente que nunca teve um profundo choque de competitividade e, portanto, com poucas oportunidades de pensar estratégias para alcançar resultados típicos de ambientes altamente competitivos.

BARREIRAS DE ENTRADA × VANTAGEM COMPETITIVA

Costumeiramente, a estratégia das empresas da Velha Economia tende a considerar a criação de barreiras de entrada (acreditando que estão construindo vantagens competitivas). **Barreiras de entrada são obstáculos criados pelos participantes de um mercado ao ingresso de novos competidores. Elas permitem que os atuais *players* aumentem seus preços acima dos praticados em um mercado competitivo sem a contrapartida de qualidade ou atratividade.** Já nos mercados mais concorridos, o foco é a criação e a manutenção de uma vantagem competitiva. O que é isso? **Vantagem competitiva é um ativo – tangível ou não – desenvolvido de modo proprietário por uma empresa que convence o cliente do alto valor do serviço ou do produto por ela oferecido. E mais valioso ele será quanto mais complexa for sua replicação pela concorrência, dada sua tecnologia ou modelo de gestão.**
Uma indústria farmacêutica que tenha grande capacidade de desenvolver remédios de ponta e patenteá-los tem uma vantagem competitiva. As patentes permitirão que ela permaneça de maneira exclusiva com um produto por muito tempo, o que vai impactar sua estratégia e definir a necessidade

de ajustá-la ao longo do tempo. Sem entrar em muitos detalhes aqui, outro exemplo de vantagem competitiva muito clara é a que foi desenvolvida pela Apple. O mercado de smartphones é competitivo, mas ainda assim a Apple, que oferece funcionalidades similares às dos competidores, consegue maximizar o que o consumidor está disposto a pagar por seus produtos. Quem é capaz de enumerar outras marcas de eletrônicos que possuem rede de lojas próprias? A regra dos concorrentes é ocupar as vitrines e as prateleiras de grandes varejistas, já que, sozinhas, não atraem consumidores.

É a vantagem competitiva que permite a uma empresa não precisar ficar alterando sua estratégia, seu negócio o tempo todo, tendo de procurar novas opções para o sucesso. Quando se tem esse ativo, ganha-se tempo para usufruir da vantagem, enquanto, de modo mais organizado, a empresa pode investir sua energia na busca da próxima vantagem competitiva, que vai sustentá-la adiante. O grande exemplo aqui, claro, é a Netflix (de novo ela!). Quando foi competir com a Blockbuster no aluguel de filmes, a empresa criou a assinatura e entrega de DVDs em domicílio. Quando a concorrência começou a se organizar para fazer a mesma coisa, a Netflix passou a entregar conteúdo em *streaming*. Todo o mundo correu atrás. Tempo suficiente para a líder – usufruindo da dianteira, vantagem competitiva que soube construir ao longo dos anos – dar um novo passo, lançando as próprias produções na plataforma. Nessa progressão, o cliente não precisa mais ir à locadora: ganha acesso imediato, na ponta dos dedos, ao que quiser assistir e pode contar com conteúdo de qualidade exclusivo. Nos três momentos, a Netflix enfrentou, e enfrenta, pesada concorrência. E é por isso que cobra um valor justo por seu serviço. O que preserva nosso ciclo virtuoso: cobrando um preço justo, a empresa democratiza o acesso ao serviço, agrega mais clientes e então tem mais recursos para seguir investindo na inovação e planejando a próxima vantagem competitiva.

Quem considera que o exemplo está distante do Brasil deve ter em vista que a Netflix brasileira é o BTG Pactual. O banco demonstra ao longo de sua história uma invejável capacidade de se transformar, procurando oportunidades de mudança em momentos de bonança, se adiantando aos contraciclos e

NOVA ECONOMIA

gerenciando bem crises severas. O sucesso do BTG Pactual está calcado em três grandes fatores: uma cultura forte, que não aceita desaforos de quem não se encaixa; uma das maiores densidades de talentos no Brasil, se considerarmos toda sua jornada desde a fundação em 1983; e uma gestão que entende muito bem o conceito de antifragilidade.

Na Velha Economia, o virtuoso vira vicioso. Quando a grande vantagem é a barreira de entrada, não existe nenhuma grande necessidade de as empresas repensarem suas estratégias, muito menos incentivo para que construam vantagens competitivas. Se isso lhes dá segurança, tira-lhes o dinamismo – o que certamente as enfraquece no futuro. Os obstáculos impostos aos concorrentes pelas barreiras de entrada aniquilam o instinto animal empreendedor, que quer construir algo muito melhor para sua cadeia, algo que os clientes valorizem muito. Vejam o que aconteceu com o sistema bancário nas últimas décadas. Depois do fim da inflação, que acabou com as instituições que viviam do *overnight*, ocorreu uma concentração no sistema. Ficamos com poucos grandes, que tinham muito dinheiro e saíram comprando todo o resto. Continuamos com eles não pelo serviço que prestavam, mas por falta de opção. Hoje, as pessoas estão migrando para as *fintechs*, como o Banco Inter e o Nubank. E estão fazendo isso porque veem valor efetivo nessas novas instituições que estão revolucionando o sistema com um modelo de negócio digital. A conta salário, por exemplo, não nos obriga a ser um dos mais de 50 milhões de clientes do Nubank. A decisão é unicamente de cada um, tendo em vista a qualidade do serviço que a instituição oferece.

NOVOS MODELOS DE NEGÓCIO

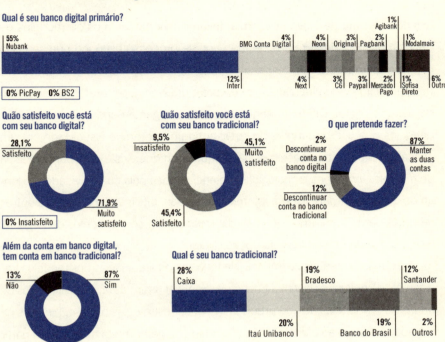

Fonte: Credit Suisse – *Brazil Digital Banking Survey*: Understanding the "neobank" customer.

Se a vantagem fundamental de uma grande empresa está em criar e reconfigurar ofertas e serviços com sua capacidade existente, por que startups carentes de experiência e portfólio conseguem provocar disrupção? Em um mercado pouco competitivo, falta às grandes empresas o ímpeto de criar vantagem competitiva quando ainda ocupam posições dominantes. Por exemplo: quantas reportagens foram publicadas na imprensa elogiando corporações que migraram para o digital durante a pandemia de covid-19? Milhares. Uma estrutura digital robusta existe no Brasil há pelo menos uma década. Os elogios deveriam ter sido trocados por perguntas aos acionistas: "Você se sente um dinossauro por só ter reagido quando uma pandemia não lhe deu alternativa?". Precisamos que a imprensa brasileira ganhe maior capacidade crítica como forma de criar novos e modernos referenciais para seus leitores em relação ao ambiente de negócios no Brasil.

NOVA ECONOMIA

MODELOS DE NEGÓCIO DIGITAL

Quando se trata da Nova Economia, invariavelmente falamos de modelos de negócio digitais, decorrentes de todo aquele processo histórico que se inicia com a globalização e se estende sociedade conectada adentro. Entretanto, vale mais um esforço de elucidação aqui sobre o que vem a ser exatamente modelo de negócio digital. Diferentemente do que muita gente pensa, não se refere a negócios que usam recursos do smartphone ou do que é visualizado em um aplicativo. Modelo de negócio digital é aquele em que existe uma convergência de múltiplas inovações tecnológicas, potencializadas pela conectividade. Ao longo do tempo, *big data*, *cloud*, internet das coisas, inteligência artificial e outros recursos permitiram que empresas transformassem seus modelos de negócio. Isso é o que chamamos de disrupção digital.[2]

A expressão identifica o impacto de todas essas tecnologias nos modelos tradicionais de negócios da Velha Economia. São, por assim dizer, seus atestados de arcaísmo, evidências de que precisam repensar estratégias para seguir vivos na estrada. A disrupção digital traz a capacidade de gerar muito mais valor a partir da conectividade entre empresas ou entre empresas e pessoas – o chamado *efeito plataforma*. A conexão digital – competitiva ou cooperativa – de fornecedores, distribuidores, clientes e governo, todos organizados em rede e envolvidos na entrega de um produto ou serviço específico, é a plataforma. O "efeito" é impacto perene que cada participante produz nos outros ou sente dos demais, criando uma relação em constante evolução, na qual todos devem ser flexíveis para sobreviver. Diferentemente dos modelos de negócio da Velha Economia, a plataforma tem integração vertical limitada e um centro de gravidade cujo papel – crucial – é definir a direção do ecossistema. **O sucesso de uma plataforma é determinado pelos mecanismos de alinhamento de interesses entre todos os que convivem naquele ambiente e pelos incentivos que compartilham. Os dois fatores, juntos, garantem a perenidade dos negócios dentro dela.**

E é nisso, justamente, que reside a transição da Velha para a Nova Economia: a partir da disrupção digital, ocorre a transformação do modelo de negócio. Veja bem: não se trata de mudar para seguir uma "tendência", porque é "moderno", porque é "bacana". O que move a mudança no contexto da Nova Economia é a melhora do desempenho do negócio. No momento em que a transformação digital acontece, a empresa será impelida a mexer na própria organização – em seus modelos de gestão, em sua cultura empresarial, no perfil das pessoas que precisa atrair. E muda, finalmente, sua estratégia.

No limite, a disrupção digital é um catalisador para a inovação dos modelos de negócio. Pense na maioria das empresas da Nova Economia que você conhece: elas não têm as capacidades tecnológicas da Nasa, pelo menos na origem. O papel da transformação digital é simplesmente viabilizar um novo jeito de operar com mais eficiência em prol do consumidor. O que acontece hoje é um movimento sem volta. A digitalização dos modelos de negócio é a única direção possível. É por isso que as empresas brasileiras precisam se mexer para fazer a transição da Velha para Nova Economia, sob pena de desaparecer ou mergulhar na insignificância.

O que vai separar efetivamente essas duas dimensões é a existência de empresas no mundo físico e a existência de empresas no mundo digital. Ou, então, empresas que "conectam" perfeitamente o mundo físico e o mundo digital – o que traduz o conceito de *omnichannel*, que basicamente se refere à ideia de que o on-line e o off-line devem proporcionar a mesma experiência sob a ótica do cliente. Em um mundo em que cada parte de uma cadeia de valor oferece tantas alternativas e vai além da empresa para conectar-se a outras cadeias até agora independentes, o conceito de linearidade se transforma em um sistema complexo no qual qualquer participante pode mudar e assumir novas posições na velocidade que a internet permite, desenvolvendo novas conexões e encontrando caminhos que geram múltiplos fluxos e trocas multidirecionais de informações. O Brasil não é mais linear. Pense, por exemplo, na entrega de um produto. A forma linear com que os Correios sempre se comportaram permitiu a criação de logísticas poderosas, como a da Loggi, que se conectam a diversas cadeias de valor com muita velocidade, participando de plataformas e permitindo a existência do *omnichannel*. Os Correios não permitiram isso no passado. A Nova Economia dita a velocidade das coisas por meio de modelos de negócio digitais.

NOVA ECONOMIA

Existem dois aspectos adicionais importantes nesse processo de transformação digital. O primeiro é a velocidade dessa mudança, fator fundamental quando se troca a segurança pela inovação, o conforto pela competição. O segundo é o tamanho da aposta que essa transição pede, o que a empresa está disposta a colocar na mesa. A tendência natural de quem está à frente de um bom negócio é não abrir mão dele para encarar uma realidade em que terá de ser muito mais ágil, eficaz, antenado – digital. O nível de energia despendida é muito alto, tanto para sair da Velha Economia como para se manter na Nova. Hora de fazer profundos ajustes na estratégia. E rápido.

Quando uma empresa abraça aquela convergência de inovações tecnológicas que define os modelos de negócio digitais, surgem outras opções para chegar ao ponto B. Ela passa a ser capaz, por exemplo, de se movimentar na sua cadeia de valor. Isto é: em vez de fazer, de entregar aquilo a que um dia se propôs, ela consegue integrar ao negócio elos que antes estavam separados, sendo percebida de maneira completamente diferente pelo cliente. A empresa aumenta seu espaço de competição, não mais atua e concorre apenas naquela zona inicial, mas consegue produzir e entregar o que era inimaginável até então. Isso gera um enfrentamento entre cadeias de valor antes isoladas, agora mais integradas e fluidas pela conectividade, que passam a competir umas com as outras. **Na Velha Economia, uma empresa era ótima em fazer um produto ou um serviço. Na Nova Economia, empresas são ótimas em integrar um produto a um serviço ou integrar dois serviços, criando o conceito de "solução".**

Sim, é competição para valer, que a partir desse ponto ganha novas formas. Voltemos ao exemplo dos bancos. No passado, a instituição financeira ficava isolada em sua cadeia de valor original, relacionando-se pouco com seus participantes externos. Hoje, a mudança da lógica nos diz que não precisamos mais do banco, mas da solução bancária; não da instituição, mas do banking. E quem pode entregar isso ao cliente? Qualquer um que tenha a capacidade de, por meio da tecnologia, buscar produtos do mercado financeiro e plugá-los em uma plataforma a que os clientes tenham acesso. De volta também ao exemplo do iFood, que nasceu como delivery de comida, mas já oferece em seu portal uma conta digital, com a possibilidade de fazer transferências, pagamentos, crédito etc. É a integração, a conectividade se materializando em novos negócios, em novos tipos de competição.

É claro que isso não significa que essas empresas da Velha Economia devam simplesmente abandonar tudo o que já construíram para tentar abraçar o mundo e montar um ecossistema. Significa, antes de tudo, a possibilidade de criar ou fortalecer vantagens competitivas dessa integração, como uma maneira de reforçar seu negócio principal, seu *core business*. O iFood não quer ser banco, mas escolheu entregar a solução bancária para os restaurantes plugados em sua plataforma, criando uma vantagem competitiva que beneficia diretamente seu mercado e seus parceiros. Portanto, não se trata de abrir mão do que a empresa sempre fez bem, pelo contrário: trata-se de agregar ativos a partir de capacidades adquiridas ao longo do tempo, montando um ecossistema que vai fortalecê-la. Empresas com o *core business* estabelecido podem acabar agindo de maneira mais segura nessa transição, porque já possuem uma posição sólida. Em contrapartida, sempre vão existir *players* sem essas fortalezas e, por isso, devem ter uma atitude mais ofensiva na criação de ecossistemas que lhes permitam alcançar a dianteira. Empresários devem ter a cabeça de empreendedores, que seguem seu pensamento de modo intuitivo, e não de maneira metódica. Empresários costumam contratar consultorias para que lhes proponham novos métodos. Os consultores, no entanto, recorrem a um *framework* que já foi usado por outras empresas. O resultado é simples: risco de comoditização. Nada mais.

Novamente: não é o caso de sair fazendo a transição a qualquer custo, mas de compreender o processo. E será sempre preciso um esforço para vencer as resistências culturais. Essa transição é baseada na visão e na estratégia da empresa, e não nos concorrentes que já se tornaram digitais. Aliás, é comum notar empresas anunciando a transição para o digital como se isso fosse o objetivo, mas na verdade o digital é apenas a criação dos meios. É comum também ver nessa transição as áreas de negócio tornando-se digitais, mas o *backoffice* não, o que significa que, na prática, a empresa não é digital, está apenas utilizando tecnologia em algumas áreas. Tornar-se digital implica ter

NOVA ECONOMIA

uma organização na qual a língua, o perfil das ferramentas, o comportamento, o pensamento e a noção de direção são comuns a todos – o que viabiliza a agilidade. Ao se tornar ágil, a empresa passa a ter uma enorme capacidade de entender o que está acontecendo e, então, passa a tomar decisões com base em dados, por fim colocando essas decisões em ação rapidamente ao ajustar seu código*, ou seja, sua tecnologia proprietária.

Como já dissemos, o fundamental para os empreendedores da Nova Economia são as ideias. O nível de conectividade é tão alto e a competição tão acirrada (com a integração das cadeias de valor), que a velocidade é imperativa. Esse é o calcanhar de Aquiles das empresas tradicionais com seus *family offices* sedentos por dividendos que acompanhamos no capítulo sobre o declínio das empresas tradicionais. **Quando não existe uma disposição de inovação constante, com ajustes feitos com agilidade, surge o problema da perpetuação do negócio.**

O VALOR DA INOVAÇÃO NO NEGÓCIO

Usar um modelo de negócio tradicional como referência é algo natural. Entretanto, se enxergamos claramente o valor da tecnologia e da conectividade, por que não fazer um modelo de negócio digital equivalente? Qual o valor de uma empresa que não digitaliza o seu?

Com a digitalização do modelo de negócio, inovações ficam mais simples, flexíveis e escaláveis (mas continuam desafiadoras), pois a tecnologia, em especial a proprietária, permite isso. Empreendedores então podem criar um atributo (vantagem competitiva) sobre o modelo de negócio digital com inovações que transcendem a mera digitalização, produzindo um benefício claro para a cadeia de valor, não necessariamente apenas para os consumidores. De maneira geral, quem se propõe a essa transformação encara a geração de valor dos modelos de negócio sob três ângulos.

---

* Código, código-fonte ou *source code* é o conjunto de palavras ou símbolos escritos de maneira ordenada usando linguagens de programação para desenvolver um software. Ou seja, é um conjunto de instruções lógicas que são necessárias para fazer um sistema funcionar.

NOVOS MODELOS DE NEGÓCIO

O primeiro é aquele que gera uma percepção de custo reduzido para o consumidor. Falamos aqui da capacidade que determinados *players* têm de conseguir uma redução brutal dos preços comparada com oferta que existia até então, o que torna possível um produto ou serviço mais atraente. Geralmente essa redução é oriunda de maior transparência no mercado, permitindo que consumidores mais sensíveis ao bolso possam reconhecer o valor do que é oferecido. Um bom exemplo são plataformas como a MaxMilhas, empresas que conseguem melhorar a eficiência combinando a oferta de passagens áreas com a de milhas, agregando em seu portal toda a disponibilidade de oferta e dando transparência ao preço da passagem e da milha, enquanto as companhias aéreas vendem a milha com pouca transparência.

O segundo ângulo é a geração de uma perspectiva de experiência. Nesse caso, falamos de modelos de negócio que têm capacidade de gerar um nível de engajamento muito grande com a plataforma. Ótimos exemplos são as lojas que se conectam ao Mercado Livre. Para o pequeno operador, que não sabe exatamente como trabalhar no e-commerce, a grande vantagem é a redução da fricção. O nível de automação é enorme, porque a plataforma oferece também os serviços de pagamento, logística de entrega etc., o que confere muita autonomia ao pequeno empreendedor. Isso se aplica também a plataformas como a Olist e a VTEX, por exemplo, que possuem um nível de engajamento igualmente grande. Não basta achar um cliente para um pequeno varejista em Porto Alegre. É preciso viabilizar também a entrega de seu produto em Manaus, incluindo a devolução, caso o cliente não tenha recebido o que imaginou, bem como viabilizar o pagamento on-line.

Por último, o valor de comunidade da plataforma. Quando um ecossistema é tão forte que permite ao negócio oferecer conexões que são um valor em si para as pessoas, permitindo que estabeleçam relações que, sem a base tecnológica, não seriam possíveis, é gerado o efeito de comunidade, muito semelhante àquele com que as redes sociais trabalham. A lógica é que os usuários permaneçam na comunidade que foi por eles construída e, por isso mesmo, não pode ser facilmente replicada em outro lugar. No Brasil, um exemplo é o PK XD, um *game* infantil do PlayKids. Ele permite que as crianças

NOVA ECONOMIA

criem avatares e interajam com os amigos, uns visitando as casas decoradas pelos outros. É o efeito comunidade que faz com que a criança não queira deixar aquele ambiente.

Um dos efeitos práticos de todos esses movimentos em direção aos novos modelos de negócio digital é o encolhimento de certos mercados – aqueles que são grandes não apenas por seu tamanho em si, mas porque o alto preço, multiplicado pelo número de transações, é grande. Essa é a realidade da Velha Economia, em que a baixa competição permite que se cobre muito por um serviço ruim, atingindo margens que não são reais em um mercado competitivo. Com a disrupção por meio dos modelos de negócio digital, ganha-se eficiência: o número de transações pode até se manter, mas o valor, o custo, pode – e deve – cair, o que produz esse efeito de encolhimento do mercado ao repassar esse benefício aos clientes. O mercado continua interessante na perspectiva do desempenho e da rentabilidade, porque o preço para o cliente e o custo da empresa tem certa correlação. A margem pode continuar a mesma, mas num mercado diminuído. O consumidor ganhou. A empresa também ganhou, pois ficou mais competitiva. No final, o país ganhou porque ficou mais produtivo, o que lhe permite competir nos mercados externos, exportar e desenvolver-se.

Sigamos no exemplo dos bancos. Quando as *fintechs* deixam de cobrar uma série de tarifas, elas estão reduzindo o tamanho e o valor da indústria (claro que, no fim das contas, isso não ocorre, uma vez que cresce o número de clientes do sistema bancário, mas a lógica é essa).

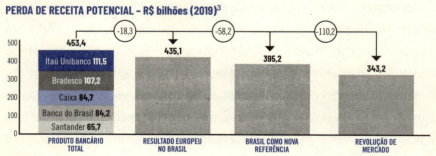

PERDA DE RECEITA POTENCIAL – R$ bilhões (2019)[3]

Fonte: Roland Berger.

NOVOS MODELOS DE NEGÓCIO

Um exemplo mais claro é o que está acontecendo com as empresas de mídia do país. No passado, a informação, cara, era privilégio de meia dúzia de pessoas; hoje, com a digitalização de todo o processo, qualquer indivíduo pode acessar a informação, inclusive prestada por outras pessoas como ela (as *fakes news* não contam!). A atratividade da mídia caiu, e é por isso que as velhas empresas de conteúdo perderam muita força nos últimos anos. Foram atropeladas pela Nova Economia.

Outro efeito prático é a criação de novos segmentos de mercado – ou a criação de transações que inexistiam ou, se existiam, eram muito mal percebidas porque eram ruins, tinham muita fricção e zero efeito plataforma. Um exemplo de geração de valor e expansão de mercado é a logística dentro das cidades, o que chamamos de *last mile*, a última milha. Décadas atrás, ela era basicamente limitada aos Correios. Com toda a evolução do e-commerce, num processo de digitalização que tem tudo a ver com a Nova Economia, cresceu o número de empresas e clientes dispostos a pagar para receber seu produto em casa – uma mercadoria, uma refeição, qualquer coisa. Empresas como a Loggi se beneficiam dessa demanda. A equação agora é outra: com a melhor performance, o custo para a empresa e o preço cobrado do cliente são reduzidos, mas o número de transações aumenta. É um mercado muito maior.

A globalização e a conectividade estão aumentando a competição em vários mercados da economia brasileira. Portanto, as empresas precisam definir novos modelos de negócio e estratégias para encarar esse novo ambiente. **O principal motivo do fracasso de muitas é que continuam fazendo mais do mesmo, acreditando que fusões e aquisições as tornam mais competitivas. Isso não é um erro se for equilibrado com a inovação de produtos, serviços e modelos de negócio.**

O sucesso das empresas da Nova Economia brasileira é a criação de novos modelos de negócio, baseados em estratégias que consideram a criação ou participação em ecossistemas. Este livro não apresenta uma receita única ou um manual com algumas, mas sim procura provocar, principalmente, os acionistas, para que busquem o equilíbrio entre o que trouxeram até aqui e a inovação. Estamos falando da inovação de verdade, não dessa que figura só nas paredes

NOVA ECONOMIA

da empresa e da qual muitos colaboradores dão risada (lembre-se de que na Velha Economia a falta de transparência não permite a crítica verdadeira). Você conhece alguma empresa que declare "Não gostamos de inovar"? Todas afirmam ser inovadoras. Basta dizer? Se não, como saber? Os rankings de jornais e revistas não são um bom indicativo. Essas listas são montadas com critérios diferentes e aleatórios, de acordo com o que seu autor (geralmente da Velha Economia) imagina ser importante. É preciso mais do que isso. É preciso ter consciência das próprias escolhas e consistência nelas.

NA VELHA ECONOMIA, UMA EMPRESA ERA ÓTIMA EM FAZER UM PRODUTO OU UM SERVIÇO. NA **NOVA ECONOMIA**, EMPRESAS SÃO ÓTIMAS EM **INTEGRAR** UM PRODUTO A UM SERVIÇO OU INTEGRAR DOIS SERVIÇOS, CRIANDO O **CONCEITO DE "SOLUÇÃO".**

CAPÍTULO 9

CAPITALISMO CONSCIENTE

Se você não acredita na filosofia da companhia em que trabalha, não fique nela por muito tempo, pois ela não ficará com você.

Se as perspectivas trazidas pela Nova Economia são boas, não se esqueça de que estamos falando de uma transição, o que sempre é longe de ser tranquilo. Tal como a globalização, os efeitos da conectividade se espalham por todos os aspectos da nossa vida, e a complexidade nesse campo é a norma. Estão muito claras as vantagens que a sociedade em rede nos trouxe – para a disseminação de informações, para as relações humanas e também para a economia. Mas o cotidiano, a vida real, não nos deixa dúvida da força que assombra essas profundas transformações. Relembrando a frase de Paul Virilio: "quando você inventa o avião, inventa junto o acidente de avião". E é por isso que reforço a responsabilidade das empresas. **É importante deixar claro que a exploração e o comportamento predatório não são as invenções acessórias do capitalismo – não há relação de causa e consequência, no que seria uma leitura torta da frase de Virilio.** Nenhum outro sistema econômico na história foi capaz de gerar tanta riqueza e progresso, como talvez nenhum outro tenha ganhado tanta má fama. E há muitas razões para isso: das péssimas condições de trabalho no início da era industrial aos "barões ladrões" de todas as bandeiras, que além das práticas economicamente condenáveis, têm zero compromisso com as pautas da sociedade e com o meio ambiente. Nada que fique muito bonito ilustrado pelo infeliz texto *A Friedman Doctrine – The Social Responsibility of Business Is to Increase its Profits*[1] (em tradução livre: A responsabilidade social de uma empresa é aumentar os lucros), que Milton Friedman, prêmio Nobel de Literatura, publicou em 1970 no jornal *The New York Times*.

O ponto que certamente Friedman não considerava era a evolução dos aspectos éticos, que me parece ser um dos nós do mau juízo que ele faz do capitalismo. Para o economista norte-americano, preocupar-se com os colaboradores, a comunidade e o meio ambiente era coisa de "socialista" – um argumento que seria uma relíquia se não fosse a resistência de quem tinha os dois pés fincados no passado. **Ligado a esse nó está a evolução do nosso comportamento como sociedade: todas as inovações de que falamos até aqui, todos os valores que foram superados e abraçados no avanço da Nova Economia, vêm cristalizando a visão de que o lucro não se opõe à ética, e que a sustentabilidade não é um favor nem um ardil comunista, e sim um fator decisivo da equação para o lucro e o crescimento econômico.**

Um capítulo fundamental dessa história começou em 2007, quando Raj Sisodia, David B. Wolfe e Jag Sheth publicaram o livro *Empresas humanizadas*,[2] no qual apresentam a ideia de que o motor de um negócio deve ser paixão e propósito, não apenas dinheiro. Já ali se falava de "capitalismo consciente", uma contribuição trazida, com outras ideias, por John Mackey, cofundador da *Whole Foods Market*, uma rede de mercados de produtos orgânicos e naturais. Mackey, um empreendedor que atuava junto a pequenos produtores, defendia já, naquela época, que os negócios não precisavam ser um jogo de soma zero, em que um lado precisava perder para outro ganhar. Um jogo de ganha-ganha, de soma positiva, era possível, segundo ele. Em parceria com Sisodia e Bill George, Mackey lançou em 2013 o best-seller *Capitalismo consciente: como libertar o espírito heroico dos negócios*,[3] em que detalha os valores que devem ser cultivados por uma empresa responsável socialmente.

E o conceito se tornou um movimento global. Fundada pelo próprio Sisodia, a *Conscious Capitalism, Inc.* (CCI) é uma organização que nasceu já em 2008 com o objetivo de construir um movimento de líderes empresariais que

NOVA ECONOMIA

contribuíssem com um mundo de "liberdade, harmonia, prosperidade e compaixão". Hoje, conta com 24 *chapters* nos Estados Unidos e em mais quatro países: México, Espanha, Israel... e Brasil, onde chegou em 2013.

São quatro os princípios do Capitalismo Consciente:

1. **propósito maior: a causa pela qual a empresa existe, além do lucro;**
2. **cultura e gestão conscientes: a incorporação de valores e práticas subjacentes ao tecido social;**
3. **liderança consciente: o que vai cultivar os novos valores internamente;**
4. **orientação para *stakeholders*: a geração de valor para todas as partes interessadas, incluindo os acionistas, os colaboradores e a comunidade.**

No Brasil, o movimento conta com a participação de 180 empresas e 60 parceiros, além de 3.800 embaixadores. Também expediu cerca de 160 certificados para consultores.

Nessa jornada de transformação estão embarcando empresas de todos os perfis, mas chama a atenção como os seus princípios dialogam, logo de cara, com os da Nova Economia – a flexibilização das hierarquias, o fim da cultura de comando e controle, o valor do compartilhamento, da inclusão de populações historicamente marginalizadas e do meio ambiente. Nesse contexto, sabe-se que as melhores soluções são as inovadoras. O iFood, por exemplo, reconhece que, ao trazer a tecnologia para facilitar a vida das pessoas, carrega na esteira o problema do aumento de CO_2 (dióxido de carbono). A resposta foi investir no desenvolvimento de motos elétricas. As primeiras dez mil chegaram ao mercado em 2022, com a meta de atingir, em três anos, 50% de entregas limpas. O ganho verde se traduz em 30 mil toneladas de CO_2 a menos lançadas na atmosfera por ano. Além disso, as motos são silenciosas, reduzindo os níveis de ruído nas cidades, e mais seguras, sem motor e escapamento quente. Com facilidades e taxas de financiamento menores, os entregadores podem adquirir um veículo que representará 70% em economia com combustível e manutenção. Na contabilidade do ganha-ganha, o bônus da empresa se paga com "propósito e paixão", embutidos no lucro - crescer com sustentabilidade e responsabilidade. Foi com essas credenciais que Fabricio Bloisi, CEO do iFood, se tornou, em 2021, o primeiro brasileiro a integrar o *board* de inovação da *XPRIZE*, fundação criada na Califórnia para incentivar o desenvolvimento de tecnologias que possam ser decisivas na redução das emissões de gases e na preservação de florestas e da biodiversidade. A organização sem fins lucrativos busca atrair grandes ideias para incentivar o desenvolvimento de tecnologia de ponta. Liderada pelo fundador e presidente executivo Peter Diamandis (fundador da *Singularity University*), a organização quer alavancar sua plataforma para criar e catalisar novas maneiras de resolver e aliviar os maiores desafios da humanidade, como zerar as emissões de dióxido de carbono e aumentar o conhecimento do ecossistema da floresta tropical e da biodiversidade, além de expandir o uso da inteligência artificial. A *XPRIZE* conta também com a presença de Elon Musk, Larry Page, James Cameron, entre outros.

Outro ponto sensível do delivery de comida são os resíduos produzidos. O problema é de origem, por ser um setor que cria uma demanda muito grande por plástico – nem que seja apenas a sacola que acondiciona a comida, não necessária no restaurante. Isso impõe algumas metas desafiadoras: a primeira, mais difícil, é substituir o plástico por materiais com menor ciclo de decomposição. Em busca de uma solução nesse sentido, iFood e Suzano Papel e Celulose fecharam uma parceria para desenvolver embalagens sustentáveis, incluindo intensa participação do ecossistema de pesquisa brasileiro. A meta é zerar a poluição de plástico nas operações de delivery até 2025. Enquanto esse ano não chega, cumpre-se a segunda meta, que é usar menos plástico para embalar a mesma comida, de maneira mais eficiente. Nesse caso, a solução sustentável não é externa, ela faz parte da própria lógica do modelo de negócios da Nova Economia.

DESAFIOS NÃO SÃO PEQUENOS

Em contrapartida, os negócios da Nova Economia trazem desafios maiores, que precisam ser encarados na sua dinâmica particularíssima. O caso das *big techs*, grandes empresas de tecnologia que dominam seus respectivos mercados, é emblemático de efeitos colaterais até então inéditos, seja no capitalismo ou

NOVA ECONOMIA

fora dele. Embebidas de inovação, assentadas no princípio da livre circulação de ideias, além de ícones de um novo comportamento, as redes sociais se transformaram no grande nó contemporâneo, enroscado nas *fake news*. As consequências são conhecidas: manipulação política, desinformação científica, intolerância por todos os lados. Menciono esse exemplo exatamente para destacar a imensa responsabilidade que essas empresas, assim como todas as da Nova Economia, têm com a sociedade em atuar para que o que lhes é "natural" – a democracia da informação, o diálogo, a cooperação – não seja travestido de autoritarismo, intolerância e sabotagem, em um "todos contra todos" sem precedentes na sociedade. Exceto, talvez, quando vivíamos nas cavernas, e nossa tecnologia se limitava a um tacape que era útil tanto para abrir cocos como para rachar a cabeça de um semelhante, num tempo em que a civilização, assim como os códigos éticos que lhe dão sustentação, ainda era algo a ser inventado.

==Esse paradoxo que une o tecnológico à barbárie, no caso das redes sociais, é emblemático da necessidade de postura ética quando uma empresa inicia o processo de construção de uma solução: é preciso que a referida solução tenha, necessariamente, um impacto positivo no desenvolvimento humano.== O que acontece com as redes sociais hoje é resultado – podemos dizer – de uma visão inicial que tinha, no fundo, pouca reflexão sobre os efeitos do modelo. É famosa a história do Facebook, que no início cultivava o lema "*move fast and break things*" (mova-se rápido e quebre coisas). "Se você não está quebrando coisas, não está se movendo rápido o bastante", explicou o jovem Mark Zuckerberg em uma entrevista concedida em 2009 para a revista Business *Insider*.[4] Cinco anos depois, e já com muitos cacos espalhados pelo chão do Facebook, Zuckerberg propôs a seus desenvolvedores uma diretiva mais sustentável: "*Move fast with stable infrastructure*" (mova-se rápido com uma infraestrutura estável).

Talvez tenha faltado para as *big techs*, lá no começo, a dimensão do seu poder e, por consequência, da sua responsabilidade; talvez tenha faltado uma reflexão – antropológica, cívica, ética – do impacto dessa tecnologia na vida das pessoas; e talvez não fosse possível mesmo evitar as milícias digitais e as *fake news*. Mas quem sabe, com menos coisas quebradas para recolher do chão, esses não seriam fenômenos tão predominantes – e não só no Facebook. De qualquer modo, a troca do lema indica como ficou claro para as empresas da economia digital que a impetuosidade predatória não cabe, não se encaixa na Nova Economia.

Ter essa consciência é importante. Precisamos adotar medidas efetivas, dialogar com transparência, cooperar. Precisamos contribuir para que esses valores se disseminem pela sociedade como um todo, porque é importante também que as gerações que vêm aí tenham uma base ética diante de tamanha capacidade de escala, de transformação de hábitos das pessoas, que a ultraconectividade nos trouxe. A educação tem, sem dúvida, um papel crucial nesse cenário. No Brasil, o ensino da cidadania – e mesmo a percepção de sua importância – foi historicamente prejudicado. Como quando a ditadura excluiu a Filosofia da grade curricular do Ensino Médio ao mesmo tempo que transformou a disciplina de Educação Moral e Cívica em mera propaganda de valores do regime.

EFEITO DOMINÓ

Numa transição econômica e cultural como a que estamos vivendo, conceitos acabam sendo redefinidos, e não há como abordar novos formatos de negócio sem repensar a sustentabilidade. O advento de um sistema produtivo estruturalmente dissociado de práticas predatórias e com a incorporação de atitudes mais responsáveis nas cadeias de serviços é irreversível. Mas medidas de impacto verdadeiro vão além. Reitero o ponto de que as empresas com modelos de negócio digital têm uma vantagem de saída em relação a companhias da Velha Economia: elas são capazes de, efetivamente, orientar-se pelas diretrizes que estabelecem, porque têm a conectividade e a gestão da tecnologia proprietária gravada em seu DNA, característica fundamental para que mudanças efetivas sejam implementadas, ajustando-se perfeitamente aos comportamentos trazidos pelos novos tempos.

Novamente, trata-se de valores, não receitas de gestão ou marketing. São eles que se colocam contra a destruição de recursos naturais em nome do

NOVA ECONOMIA

lucro imediato, que rejeitam a acumulação de bens materiais pelo mero prazer de acumular, que vetam o alijamento econômico de comunidades locais e repudiam a exploração de grupos sociais. Recorro a mais um exemplo do iFood – este circunstancial, mas eficaz para revelar essa natureza. Em 2020, durante a pandemia de covid-19, a empresa criou o movimento Todos à Mesa, que procurava expandir a rede de apoio a restaurantes, entregadores e pessoas em situação de vulnerabilidade social. Entre as empresas participantes estavam Coca-Cola, Unilever, Copagaz, Mastercard, entre outras, no esforço de doar alimentos para famílias que perderam renda durante o período de restrições. Ok, não muda o mundo, mas o ponto é que, além de causarem um impacto positivo na vida das pessoas, essas iniciativas – com intenções e direções idênticas reunindo diversos agentes – deixam para trás projetos isolados dos departamentos de marketing, típicos das empresas da Velha Economia.

Ao longo do tempo, esse comportamento abre caminho para uma sociedade muito melhor – mesmo horizonte do Capitalismo Consciente. Do ponto de vista tecnológico, sobra capacidade das empresas da Nova Economia para implementar diretrizes sustentáveis com rapidez. E isso justamente porque são baseadas em tecnologias proprietárias, com possibilidade de escala muito grande para impactar toda a cadeia em que atuam. Quando os e-commerces brasileiros colocam uma ferramenta no aplicativo para reduzir o consumo de plástico em embalagens, impactam imediatamente dezenas de milhares de comércios e indústrias espalhados em milhares de cidades do Brasil. Essa é uma ilustração simples da capacidade de multiplicar soluções, seja para seus negócios, seja para contribuir para a sociedade. É um efeito dominó que tem um valor muito grande na implementação rápida de medidas sustentáveis.

Defender a sustentabilidade é também abraçar uma jornada. Não adianta investir milhões de dólares para resolver um problema se a atitude não for ampla, não refletir verdadeiramente um novo comportamento. Isso não acontece do dia para a noite. É fato que as empresas da Nova Economia ainda estão longe do ideal nas suas práticas em relação à sustentabilidade, mas seus atributos permitem obter um avanço gradual, e faz sentido que seja assim: são empresas que estão permanentemente construindo infraestrutura a partir de um grande feedback dos clientes, ao mesmo tempo que as tecnologias vão sendo criadas e implementadas.

De um lado, isso é a senha para que os mercados se desenvolvam e produzam impacto instantâneo na cadeia de valor, trazendo para essa jornada os fornecedores, prestadores de serviço e consumidores. De outro, é um sistema que tem potencial para estimular inovações no campo da sustentabilidade. É o caso da eficiência no uso do plástico a que me referi acima, em que a solução faz parte da própria lógica da Nova Economia. Por sua própria natureza integrada, são empresas que inovam no sentido de encontrar saídas para aumentar a produtividade em relação aos recursos naturais. Possuem também um potencial muito grande para mudar estilos de vida. A história da indústria já nos mostrou como a tecnologia muda hábitos – como quando a invenção do freezer, por exemplo, alterou os costumes alimentares das casas para sempre. Essa predisposição para incentivar novos comportamentos muda a antiga lógica das leis distribuídas pelo Estado para as empresas: agora são elas que têm a chave da eficiência para cumprir metas sustentáveis. Na Velha Economia, o Estado definia que seríamos grandes produtores de estaleiros, mesmo sem qualquer histórico tecnológico relevante para poder competir no mercado global. Na Nova Economia, os empreendedores utilizam suas ferramentas tecnológicas de sucesso para gerar impacto em massa, e rápido.

Conceitos modernos, como o da economia circular, que visa substituir o conceito de lixo por uma visão mais contínua e cíclica da gestão de materiais, têm aterrissado nas empresas. Assim, existe maior reaproveitamento de recursos em um novo ciclo de produção, uma vez que deixam de ser somente explorados e descartados como lixo. A economia circular se inspira no funcionamento da natureza, que gera recursos a longo prazo num processo contínuo de reaproveitamento. Não se trata de reciclar, mas de encontrar destinações futuras já na concepção. A integração das cadeias de produção e de serviços (globalização), a tecnologia e a ultraconectividade viabilizam a economia circular.

O conceito é muito mais amplo, abrange toda a lógica de produção e traz uma proposta revolucionária de crescimento focada em benefícios para a sociedade. Mas o importante aqui é destacar sua essência: uma mudança radical de pensamento e na forma como a sociedade regenera os recursos do planeta, a partir de um sistema que é totalmente dependente da inter-relação de empresas conectadas.

No contexto da economia circular, pense no conceito do carbono zero. A coordenação global de esforços nessa direção provocará profundos redesenhos em modelo de negócios que façam uma transição para uma economia de carbono zero, ou seja, composta por empresas que não emitem mais CO_2 do que removem da atmosfera. A Velha Economia não se preparou para essa transição e está vendo seus negócios serem pressionados à medida que os investidores e consumidores perdem a confiança de que essas empresas se adaptarão às mudanças necessárias. Empresas como o iFood, como vimos, já estão no meio do caminho, assim como os projetos inovadores incentivados pela *XPRIZE* nos apontam um futuro mais promissor.

A Nova Economia ainda tem muito por fazer, mas ela tem os atributos necessários para receber os feedbacks e transicionar. Só com a colaboração mútua de todos os agentes é possível criar esse fluxo de reaproveitamento de materiais em sua totalidade. Veja como a semelhança da economia circular com o leque de atributos da Nova Economia é inegável: o dinamismo, a não linearidade e, sobretudo, as relações horizontais que ecoam em uma sociedade integrada e em rede, permitindo acelerar a moldagem de uma política na qual a eficiência da cadeia, somada a profundos aspectos éticos, atua como eixo da sustentabilidade.

Não existe sustentabilidade sem ética, esse é um ponto crucial. A consciência necessária para a busca de soluções que impactem positivamente o meio ambiente exige um exercício ético que também está profundamente relacionado com a educação. A Velha Economia, com sua vocação predatória, não foi capaz de promover essa discussão. Veloz, dinâmica e cooperativa, a Nova Economia abre a possibilidade de olhar para o mundo de uma maneira diferente, em que riqueza seja sinônimo de maior igualdade. O caminho existe, mas temos trabalho pela frente – e muita responsabilidade.

VELOZ, DINÂMICA E COOPERATIVA, A NOVA ECONOMIA ABRE A POSSIBILIDADE DE OLHAR PARA O MUNDO DE UMA MANEIRA DIFERENTE, EM QUE RIQUEZA SEJA SINÔNIMO DE MAIOR IGUALDADE.

CAPÍTULO 10

DIVERSIDADE E INCLUSÃO

Se você ainda pensa que tem profissões só para homem ou só para mulher, se você pensa que um homossexual no time pode gerar desconforto, se você ainda usa a palavra "mulherzinha" ou "gay" para indicar medo ou fraqueza, e se você pensa que o negro tem de se virar para tirar o atraso que nossa história imputou a ele, tenho uma notícia: é preciso mudar de atitude agora.

Diante de todas as transformações no cenário mundial, a diversidade de talentos tornou-se uma questão de sobrevivência para as empresas. Mulheres, negros, pessoas com deficiência, público LGBTQIA+ e outros perfis historicamente excluídos do ambiente corporativo precisam ser incorporados aos times. Trata-se de falar sobre a urgência em corrigir os efeitos da cultura discriminatória do Brasil. O que pretendo trazer aqui é um olhar sobre como gestão e mercado consumidor estão atrelados às malhas sociais, impondo novas demandas à dinâmica organizacional.

O preconceito é a ideia de superioridade de um grupo sobre outros. A consequência é a segregação, gerando atitudes hostis ou discriminatórias em

DIVERSIDADE E INCLUSÃO

relação a grupos minorizados. Mas por que o preconceito tem se perpetuado na sociedade brasileira? Em grande medida, porque as instituições não funcionam. O racismo, por exemplo, é agravado por falhas do Estado, que passou a considerá-lo crime apenas em 1989. Séculos depois da nossa colonização, os brasileiros se acostumaram a hábitos, falas e pensamentos que promovem, direta ou indiretamente, a segregação. **Isso é o chamado racismo estrutural, aquele que transcende o âmbito da ação individual e abarca inconscientemente todo tipo de decisões de uma sociedade, das simples às complexas, com efeito devastador.** A forma como a sociedade brasileira foi constituída reproduz padrões de discriminação em todos os campos, da política à economia. Neste momento, poderíamos focar no papel das empresas na luta contra essa doença social, mas o ângulo aqui será outro: abordarei a razão pela qual elas devem atacar o problema para o bem do negócio.

Preconceitos são constituídos por ações conscientes e inconscientes. As ações conscientes são fáceis de perceber e, logo, combater. Entretanto, o grande perigo mora nas ações inconscientes que alimentam o preconceito corporativo e levam à desvalorização de determinados grupos, reduzindo assim o desempenho da empresa, pois seus processos decisórios ficam marcados por vieses. Trabalhar pela diversidade faz parte dos princípios de líderes que reconhecem o quão essencial é nossa capacidade de pensar de maneira diferente, condição para atingir resultados melhores. Significa cultivar a inclusão por saber que as pessoas fazem seu melhor quando são estimuladas a ser elas mesmas. É aqui que a Nova Economia entra como catalisador. Afinal, ela se baseia em redes conectadas que geram dados e insights, o que permite acelerar a mudança.

ASCENSÃO DE BRASILEIROS SEGREGADOS

Nos últimos vinte anos, as redes sociais e a popularização dos smartphones potencializaram diferentes vozes. Grupos antes marginalizados passaram a ocupar espaço, haja vista que, segundo o IBGE,[1] em 2018, pela primeira vez, as matrículas de estudantes negros nas universidades e faculdades públicas

NOVA ECONOMIA

superou a dos estudantes brancos. Poucas décadas atrás, existiam pouquíssimas mulheres em posições seniores no mercado. Alguém consegue se lembrar de cinco nomes na década de 1990? Hoje, dá para enumerar algumas (ainda poucas!). Décadas atrás, em razão do preconceito, existiam pouquíssimos homossexuais assumidos em posições seniores no mercado. É possível lembrar de cinco na década de 1990? Com certeza, agora na lista tem alguns (ainda poucos!). No Brasil, entre as trabalhadoras de baixa escolaridade que engravidam, metade é demitida na volta da licença-maternidade – entre as de escolaridade mais alta, o percentual gira em torno de um terço do total.[2] O que são seis meses quando se atrai e retém um bom profissional por uma década? A contratação de uma mulher grávida hoje posiciona o contratante na Nova ou na Velha Economia.

==O mercado, por pressões dos movimentos sociais, da globalização e de escândalos contra direitos humanos, está caminhando para se tornar mais diverso, aqui e no mundo, dando início a uma revolução no padrão de consumo.== O efeito dessa nova realidade logo se mostrou na publicidade, que tratou de mudar de cara, trocando modelos brancas e magras por gente de verdade. Mas maquiagem, neste caso, não funciona. Para conversar com um público diverso é necessário ter uma equipe diversa. A conexão entre o que existe nas ruas e nas redes sociais precisa ser lida pelas empresas, e não há como entender a heterogeneidade – e atender a suas demandas – sem transportá-la para o interior da companhia, para eliminar o preconceito corporativo.

Na Velha Economia, essa adaptação é lenta, as mensagens não chegam porque os postos de comando são ocupados por cabeças semelhantes. Em todas as empresas se fala em diversidade, mas situações contraditórias se propagam por aí. Já ouviu a frase "Isso não é profissão para mulher"? Eu já visitei fábricas com banheiros apenas masculinos, afinal aquele não era lugar para mulheres. Já fui convidado para conselhos de administração de marcas que se dedicam ao universo feminino, mas trabalham com conselhos totalmente masculinos. Perguntei como um grupo de homens tomava decisões nesse cenário. A resposta que obtive foi: "Lendo relatórios e

DIVERSIDADE E INCLUSÃO

vendo vídeos". Devolvi: "Provavelmente com materiais também produzidos por homens...". Não me convidaram para outra reunião.

Os números comprovam. Pesquisa do Instituto Ethos[3] que mapeia o perfil social, racial e de gênero das quinhentas maiores empresas do Brasil mostra que as mulheres enfrentam um afunilamento hierárquico, ocupando apenas 13,6% dos cargos executivos. Os negros têm situação ainda pior, ficando com apenas 6,3% dos postos em quadros de gerência e 4,7% entre os executivos. Outro dado espinhoso, fornecido pelo Fórum Econômico Mundial, diz respeito à disparidade entre homens e mulheres.[4] Segundo o órgão, deve demorar pelo menos 59 anos para que a desigualdade de gênero desapareça na América Latina, podendo levar ainda mais tempo no Brasil. Ocupamos a 92ª classificação entre 153 países, atrás da Nicarágua e da Etiópia, lembrando que o documento contempla as áreas de saúde, educação, trabalho e política.

Dizer que a defasagem não se reflete também na Nova Economia seria ingênuo. Novamente os números: no momento em que escrevo este livro, há apenas um negro entre os fundadores de unicórnios brasileiros – Robson Privado, da MadeiraMadeira –, duas mulheres – Cristina Junqueira, cofundadora do Nubank, e Mariana Paixão, da Loft –, e uma mulher transgênero – Monique Oliveira, da Movile. A Nova Economia, baseada em tecnologia, ainda não resolve várias questões. Segundo dados da pesquisa Quem Coda BR,[5] o mercado de tecnologia no país é formado por homens (68%) e brancos (58%), com uma clara predominância de jovens de classe socioeconômica média e alta.

Mas iniciativas têm surgido. O PrograMaria é um projeto que capacita mulheres para que se sintam motivadas e confiantes a explorar os campos da tecnologia, da programação e do empreendedorismo. Mais do que ajudá-las a usar as ferramentas necessárias, o projeto quer empoderá-las, mostrando que são capazes de realizar as próprias ideias. Segundo o PrograMaria, 74% demonstram interesse pelas áreas de Ciência, Tecnologia, Engenharia e Matemática na escola, mas, no momento de escolher uma graduação, apenas 0,4% optam por Ciência da Computação.[6]

NOVA ECONOMIA

EMPRESAS ENGATINHANDO

Empresas alinhadas a um modelo de gestão transparente e à meritocracia de ideias têm mais ferramentas para acelerar o processo de inclusão. E os novos empreendedores já se deram conta de que a diversidade aumenta o número de respostas para o mesmo problema, enquanto o preconceito, além de imoral e nocivo para o desenvolvimento do país, custa caro. A pluralidade está na essência das empresas que nascem a partir da inovação. Quando o pessoal do Vale do Silício criou ambientes de trabalho descontraídos, acreditava-se ser uma estratégia para reter jovens talentos. Na verdade, acabou-se por convidar a diversidade, uma vez que o Vale do Silício teve que conviver desde o começo com múltiplas etnias. Rapidamente se aprendeu que não dá para nascer com o propósito de ser global sem entender as múltiplas diferenças da população. Empresas da Nova Economia carregam o DNA de negócios globais, marcados pela diversidade.

A diversidade do time determina sua capacidade de ajustar o modelo ao padrão de consumo. Segundo relatório da McKinsey,[7] a heterogeneidade étnica e cultural está diretamente ligada à lucratividade. A consultoria aponta que empresas com maior variedade étnica entre as lideranças têm 33% mais chances de superar seus concorrentes. A grande questão é como abraçar a diversidade em uma sociedade profundamente marcada por preconceitos e que não se enxerga assim. Se não há um propósito explícito de reeducação, fica difícil distinguir o desvio, bem como construir as ações necessárias para resolver o problema. O padrão mulheres no RH, homens no departamento de engenharia, entre tantos outros, se mantém porque atitudes involuntárias reforçam a repetição de modelos.

Um bom exemplo é uma conversa que tive com meu pai quando ele realizava o processo de contratação de dois motoristas para sua transportadora e se surpreendeu ao receber currículos de mulheres. Num primeiro momento, argumentou que jamais colocaria alguém do sexo feminino no cargo devido aos perigos da estrada. A justificativa era "nobre", mas a decisão teria de ser da candidata, e não de quem contrata, porque, agindo

DIVERSIDADE E INCLUSÃO

assim, ele estava eliminando um perfil do grupo de profissionais que dirigem caminhões pelo Brasil.

Fomos além. Surgiu um segundo impedimento: a dificuldade na troca de pneus. Parecia racional imaginar que uma mulher não daria conta da tarefa. Mas como saber se nenhuma candidata teria força suficiente? Sugeri a ele que colocasse no processo seletivo um teste de troca de pneu para que o fator de eliminação não fosse uma suposição. Anos depois, a maturidade sobre o tema trouxe-me uma nova perspectiva inclusiva. A força da mulher não deveria ser colocada em questão. Se equidade é uma responsabilidade corporativa, então a empresa deve encontrar os caminhos. No caso em questão, o que o meu pai poderia fazer para contribuir para que mulheres pudessem ser motoristas de caminhão? O teste que indiquei é bom, mas poderia se tornar uma barreira. Mulheres devidamente treinadas podem conseguir trocar pneus. Portanto, seria possível contratar mesmo as que não passassem no teste e estabelecer um período de treinamento.

O que quero dizer com essa história é que precisamos ser proativos no combate ao preconceito inconsciente que também impacta diretamente no estabelecimento da meritocracia de ideias. Perceba que o processo decisório está muito mais ligado a padrões culturais do que a ações que realmente fazem sentido num determinado contexto. Os profissionais que conseguem detectar e superar os modelos deterministas acabam gerando grande impacto socioeconômico e se transformam em vetores de mudança.

Na Nova Economia, a gestão envolve dados, o que a aproxima da inteligência artificial. A Revelo, empresa de tecnologia para área de Recursos Humanos, é uma plataforma que faz o cruzamento entre recrutadores e candidatos, armazenando informações atualizadas sobre mais de 2 milhões de currículos e recrutadores que abrem vagas todos os dias. Lucas Mendes, cofundador da empresa, definiu bem o poder dos dados:[8] "Ao cruzar a lista das habilidades requeridas com a dos candidatos na plataforma, identificamos oportunidades únicas de reduzir o desemprego no Brasil e promover ascensão social". Na plataforma, baseada em *machine learning*, toda vez que uma nova habilidade é requisitada por um recrutador, o time da Revelo consegue mapear a demanda na base e, se for o caso, adicionar a possibilidade de qualificação para aceleração de carreiras de participantes de seus programas, impactando o nível de diversidade das empresas brasileiras. Estamos falando de meritocracia de ideias novamente.

Naturalizar a inclusão não é tarefa fácil, temos séculos de história para limpar. Mas, cientes de que a diversidade é uma grande vantagem competitiva, as empresas da Nova Economia tentam encontrar o caminho. O Magalu, por exemplo, lançou um programa voltado para o recrutamento exclusivo de negros com o objetivo de aumentar a equidade em seus quadros executivos, como já abordamos no Capítulo 4. Não custa lembrar: se você é homem, branco, heterossexual, de classe média ou alta, deve reconhecer-se como beneficiário simbólico e material de privilégios que lhe permitem ter uma trajetória profissional sem que a cor da sua pele, seu gênero ou sua classe social sejam barreiras para o sucesso. A partir dessa constatação, será mais fácil entender como seu lugar no mundo afeta o processo decisório e adotar medidas para garantir a diversidade. Contratar unicamente pelo círculo de amigos cria times uniformes. Já fazer escolhas a partir de processos cegos, em que não se tem acesso a nome, sexo ou origem dos candidatos, pode ajudar gestores a combater armadilhas do preconceito inconsciente.

Outra questão a ter em mente é que indivíduos que pertencem a grupos sub-representados no contexto organizacional podem ser submetidos a avaliações baseadas em estereótipos. Essas percepções tendenciosas trazem consequências negativas para os colaboradores e para a organização em geral. O exemplo do Magalu endereça esse problema. Além de aumentar a representação de grupos específicos, as empresas da Nova Economia estão dando maior visibilidade a um número maior e diverso de indivíduos sub-representados, esforços que ajudam a minimizar estereótipos ao longo do tempo.

Uma das formas de garantir a pluralidade na equipe, por exemplo, é montando um banco de talentos a partir de entrevistas regulares, independentemente de existir ou não vagas a preencher. Isso permite que os líderes tenham nomes para sacar quando necessário e elimina a pressão do tempo nas substituições. Evidentemente existem outras iniciativas importantes, como recorrer

DIVERSIDADE E INCLUSÃO

a empresas especializadas em contratação de diversidade. Como executivo em empresas da Nova Economia, tive a liberdade de criar grupos específicos para descobrir talentos entre mulheres, negros e público LGBTQIA+ e montar bancos de perfis; quando na Velha Economia eu não fui autorizado a fazer essa mesma iniciativa. As empresas também podem mudar a forma como as avaliações são realizadas para neutralizar o impacto do preconceito. Um caminho é substituir a avaliação individual e sequencial (que pode gerar ancoragem) por processos simultâneos.

As organizações são complexas e têm diferentes lógicas, culturas e dinâmicas. Cada empresa tem sua realidade; logo, não faz sentido procurar por uma referência única de programa de diversidade e inclusão. O contexto organizacional é importante. Em estruturas mais horizontais, como as da Nova Economia, os gestores são estimulados a participar dessa jornada; já nas empresas da Velha Economia, de estrutura mais vertical, os programas são implementados sem esse envolvimento, com o risco de mantê-los distantes da realidade. Entender a importância dessas estratégias e protegê-las com a adoção de políticas de tolerância zero para comportamentos discriminatórios, como *bullying* e assédio, por exemplo, é o início da grande transformação que se espera. **Significa oportunidade para quem tem capacidade ou potencial de desenvolvimento e está apartado do mercado de trabalho por questões alheias ao talento. É sobre consciência e execução. Ou seja, sobre transparência e meritocracia de ideias em uma sociedade preconceituosa.**

Olhar para a diversidade com atenção permite entender situações individuais distintas, que devem ser tratadas com níveis diferentes de prioridade. Da perspectiva de um executivo, olhar o mundo sob diferentes ângulos permite distinguir fatos de percepções. O desenvolvimento dessa habilidade garante um desempenho superior, especialmente em situações em que a observância de fatos parece levar a determinados resultados. A criatividade corporativa é decorrência da possibilidade de considerar fatores humanos diversos na procura de soluções. Insisto: a Nova Economia parece muito mais preparada para minimizar o preconceito, mas o que foi feito até agora ainda é muito pouco.

BLOCO

A TRANSIÇÃO PARA A NOVA ECONOMIA

3

CAPÍTULO 11

EMPRESAS RIVAIS DA VELHA ECONOMIA

Roma começou a ruir pelas bordas, onde os nababescos imperadores não avistavam os bárbaros (ou seriam empreendedores?).

Em sua Carta 106, intitulada "Reflexões sobre a Transformação Digital",[1] a Dynamo escreve:

> À medida que passamos mais tempo com esses novos participantes, aprendemos que a internet não apenas transformou o setor responsável pelo atendimento ao cliente dessas empresas, mas também seu modo de operação. As empresas nascidas nos últimos dez anos, em todos os setores, são construídas de maneira diferente, de baixo para cima, principalmente no que diz respeito à infraestrutura de TI. Incumbentes nas empresas de bens de consumo, de pagamentos, indústrias, bancos, operadoras de saúde e muitos outros agora estão competindo com entidades que foram construídas em um ambiente que permite flexibilidade, modularidade e agilidade antes inconcebíveis. Essa mudança radical foi desencadeada pelo surgimento da computação em nuvem e está

forçando as empresas a repensar completamente sua infraestrutura legada.

O que a Dynamo observa é o amadurecimento do ecossistema voltado ao empreendedorismo no Brasil. Novas safras de empresas sustentadas pela tecnologia começam a remodelar todas as pontas da cadeia econômica nacional. São *fintechs* (mercado financeiro), *adtechs* (voltadas às áreas de marketing e publicidade), *proptechs* (setor imobiliário), *logtechs* (logística) *healthtechs* (saúde), entre outras startups que buscam otimização em gestão de produtividade, em mobilidade; enfim, trata-se de uma gama de negócios prontos para modernizar processos nos mais variados setores.

"Estamos fazendo em três anos o que as empresas tradicionais fizeram em setenta." A frase,[2] dita por Marcelo Abritta, cofundador da Buser, ilustra de maneira certeira a revolução que ele e o sócio, Marcelo Vasconcelos, provocaram no segmento de transportes coletivos. A Buser é uma plataforma de fretamento colaborativo que oferece viagens de ônibus a partir de reservas feitas pelo site ou aplicativo. O sistema basicamente une os interessados nas rotas com as empresas parceiras capacitadas para realizá-las, fazendo com que os preços das passagens despenquem de acordo com a quantidade de pessoas interessadas no mesmo trajeto. O valor é muito inferior aos praticados pelas linhas regulares.

A comparação com o Uber ajudou a desfazer a resistência ao novo, mas o que realmente garantiu o sucesso da Buser foi o fato de ter resolvido um grande problema do mercado, apresentando-se como alternativa disruptiva para o deslocamento entre as cidades.

Enquanto ela trabalha sob demanda, otimizando as frotas, o setor de transporte rodoviário de passageiros permanece há décadas organizado de maneira arcaica, com rotas exploradas pela iniciativa privada, mas submetidas a forte intervenção do Estado. A regulação é feita por contratos públicos, o que garante exclusividade para empresas que se perpetuam nos percursos. Uma vez livre da competitividade, tornam-se lentas e sem eficiência econômica, características que se refletem nos preços e na qualidade das viagens.

A ideia de romper com esse modelo nasceu em 2016, quando Marcelo Abritta teve de levar trinta parentes de Belo Horizonte, em Minas Gerais, para

NOVA ECONOMIA

Arraial d'Ajuda, na Bahia, onde iria se casar. Ficava mais barato fretar um ônibus e deixá-lo parado por quatro dias, com custos de acomodação e alimentação do motorista inclusos na conta, do que comprar as passagens de ida e volta de uma empresa regular que operava a linha. Diante dessa equação, foi fácil perceber que investir em fretamento colaborativo usando as redes sociais poderia dar certo. A Buser começou com uma página no Facebook. Seis meses depois, já organizava viagens e logo conseguiu aporte de capital de fundos de investimento.

De lá para cá, recebeu outras rodadas de recursos e chegou à marca de 460% de crescimento em um ano. Duas circunstâncias se interpuseram no caminho: questionamentos na justiça sobre o modelo de operação e a pandemia de covid-19, que reduziu drasticamente a mobilidade. Mas o fato de Abritta já ter empreendido duas vezes, uma delas sem sucesso, o ensinou a lidar com problemas e agir com rapidez. Encarou a questão da legislação e manteve o negócio vivo no período em que a procura sumiu para voltar a expandir com o retorno dos passageiros.

Outro empreendedor que amargou o fracasso antes de criar seu negócio milionário foi Daniel Scandian, fundador da MadeiraMadeira ao lado do irmão, Marcelo.[3] A história é boa: a empresa de pisos fundada pelo pai dos empresários estava em franca expansão em Curitiba quando a crise financeira estourou nos Estados Unidos. Atrelada a exportações para americanos, a fábrica faliu. Era 2008, ano em que o comércio eletrônico engatinhava no Brasil. Os irmãos montaram um site para vender os equipamentos que sobraram e recuperar parte do prejuízo. Foi assim que nasceu a MadeiraMadeira, hoje um dos maiores e-commerces de móveis do país.

Sem dinheiro para estoque, quando alguém comprava no site, eles recorriam ao fornecedor. Em 2012, conseguiram o primeiro aporte de investidores e no mesmo ano ganharam também um novo sócio, Robson Privado. Quem se debruçar na história verá que os três cometeram vários erros antes do momento da virada, que veio quando montaram a plataforma *dropshipping* – sistema de logística que garante flexibilidade, variedade de produtos e escala –, passando a crescer 80% ao ano. Aprenderam com cada tropeço e, em 2019, receberam nova rodada de investimentos, entrando na lista das maiores apostas do mercado. Em 2021 tornaram-se mais um unicórnio brasileiro.

EMPRESAS RIVAIS DA VELHA ECONOMIA

==Aqui, vale destacar a mudança de paradigma. Enquanto as antigas empresas varejistas ainda trabalham com estoques e são obrigadas a manter locais físicos para guardar os produtos e chegar ao consumidor, a MadeiraMadeira elimina o custo com armazenamento, investe em uma boa logística e entrega ao cliente qualquer tipo de mercadoria. A eficiência financeira é incomparável, além da maior oferta, já que na Velha Economia o consumidor é obrigado a comprar aquilo que está disponível, não o que realmente procura.==

As soluções oferecidas pelos novos negócios abrangem até setores historicamente engessados no Brasil, como o de transporte rodoviário de mercadorias. O argentino Federico Vega decidiu criar aqui a Cargo X, hoje frete.com, cujo trabalho é conectar, por meio da tecnologia, empresas que utilizam transporte de cargas a caminhoneiros autônomos. O ponto de partida foi uma viagem de bicicleta feita por Vega pela América do Sul. Na época, ele tinha terminado o colegial e queria novas experiências. Dormia nas paradas de caminhoneiros e, assim, descobriu a demanda. Falta de segurança, longas jornadas, remuneração ruim – um setor robusto que implorava por modernização.

Pausa na história. O argentino seguiu o rumo tradicional, foi estudar na Inglaterra, conseguiu emprego no banco J.P. Morgan, e por lá ficou durante cinco anos. Porém, quem nasce com o espírito animal do empreendedorismo não consegue viver na Velha Economia. Voltamos para a Cargo X hoje frete.com. Vega largou tudo e caiu no Brasil, onde resgatou a ideia de resolver o problema dos caminhoneiros que atuam no país. Enfrentou muita dificuldade ao criar a startup, começou com uma rede social em 2011 e ficou os primeiros anos sem retorno algum. Insistiu até conseguir dinheiro com investidores americanos. Hoje, faz a triangulação de rotas usando *machine learning* e *big data*.

O modelo tradicional, baseado na compra de caminhões e montagem de frotas potentes para prestar serviço a grandes empresas, está caindo por terra com a frete.com. Além de atender à demanda, a tecnologia elimina a intermediação de vários agentes, com ganhos em eficiência, menor custo e, eventualmente, até redução tributária. Entre seus clientes estão Ambev, Unilever, Votorantim e Heineken. Não à toa a empresa de Vega entrou para o grupo das startups bilionárias em 2021.

NOVA ECONOMIA

O espanhol Sergio Furio, fundador da Creditas, também decidiu colocar seu dinheiro e energia no Brasil. Ele pouco falava português quando aportou em São Paulo com a meta de transformar o mercado de crédito brasileiro. Já tinha mais de uma década de experiência na área financeira e havia trabalhado na transformação digital de um banco. Foi justamente a falta de velocidade dessas empresas que despertou seu desejo pelo voo solo. Bastou a namorada brasileira comentar que no Brasil os juros bancários chegavam a 200% ao ano para Furio vislumbrar a chance de ter sua startup.

Criou a Creditas, plataforma digital de empréstimo pessoal que usa os bens do cliente como garantia, um negócio já conhecido que, formatado pela tecnologia, ganhou velocidade e menor custo, resultando em juros mais razoáveis, além de menos fricção na jornada do cliente. A história de crescimento da empresa tem várias fases e daria um capítulo inteiro deste livro. O que importa, no entanto, é destacar a capacidade de Furio de ajustar e reajustar o negócio durante quase dez anos. Demorou para que a Creditas vingasse. No início, ele investiu tudo o que tinha e não conseguiu um centavo de volta. Decidiu, então, vender seu apartamento em Nova York para injetar dinheiro na empresa e manter a ideia de pé. Depois, pediu ajuda a amigos e executivos do mercado financeiro para conseguir escalar. Quando a Creditas se mostrou um bom negócio, o investimento chegou, fazendo com que a empresa crescesse mais de sete vezes em um ano e virasse uma das principais apostas do mercado.

SOLUÇÕES QUE DERRUBAM BARREIRAS

Fintechs, em geral, estão muito bem posicionadas no ranking das startups que se destacam no Brasil. Outras que também passaram a incomodar os grandes são Neon e PicPay. Hoje um unicórnio, a Neon foi criada com o propósito de dar um tapa na cara dos bancos tradicionais. Seu fundador, Pedro Conrade, ultrapassou um real do limite do cheque especial e recebeu uma cobrança de 46 reais pelo "empréstimo". Ficou inconformado e partiu para a briga. Primeiro lançou a Controly, empresa que gerava um cartão pré-pago atrelado a uma conta. Não se mostrou suficiente para atender às necessidades do consumidor e levou Conrade a firmar uma *joint venture* com o antigo banco mineiro Pottencial, parceria que depois evoluiu para o Neon, banco 100% digital.

EMPRESAS RIVAIS DA VELHA ECONOMIA

Conrade só tem 29 anos, sua experiência anterior se resume a montar uma loja de biquínis no Guarujá, no litoral de São Paulo, seguida por uma empresa digital de compras coletivas que deu muito errado. Também fez o caminho de passar um tempo fora do Brasil e, ao retornar, decidiu investir no mundo digital até acontecer o tal problema com o um real. Atualmente, o Neon se estrutura para encarar os gigantes que dominam o setor há décadas. A proposta é utilizar processos que garantam custos baixos e permitam cobrar taxas mais justas.

A história do PicPay, a maior carteira digital de pagamentos do Brasil, é um pouco diferente porque começou como um aplicativo criado em 2012 pelos amigos capixabas Dárcio Stehling, Diogo Roberte e Anderson Chamon. O caso ilustra o movimento de aproximação de empresas da Velha Economia dos novos modelos de negócio atrelados à tecnologia, assunto já abordado nos capítulos anteriores. O PicPay permite transferir valores e fazer pagamentos a lojas virtuais e serviços on-line. Os usuários podem parcelar o total em alguns estabelecimentos e até dividir a conta. O fato é que a startup começou com o propósito de facilitar transferências e se tornou um dos líderes mundiais em pagamentos com QR Code. Tem 60 milhões de usuários e, só no terceiro trimestre de 2021, atingiu a marca antes inimaginável de 26,6 bilhões de reais em pagamentos.

A revolução provocada pelas *fintechs* no sistema bancário nacional vem derrubando barreiras. A mais evidente é o fim das agências – estruturas ineficientes, de alto custo, substituídas por ambientes digitalizados. Menos palpável, porém ainda mais importante, é a ideia de *open banking*, sistema que quebra o monopólio de informação de bancos, permitindo que outras empresas e serviços acessem os dados do cliente. O princípio é que as informações não são das instituições, e sim dos usuários. O consumidor passa a movimentar suas contas de diferentes plataformas, tornando o sistema mais competitivo. Na mesma trilha está o Pix, sistema instantâneo brasileiro que faz pagamentos em tempo real e reúne velocidade, ambiente aberto e fluxo de dados com informações agregadas, uma injeção de competitividade num setor até agora orquestrado por bancos tradicionais.

Na lista de empresas promissoras da Nova Economia, acrescento ainda a Conta Azul. Nasceu como ERP (*Enterprise Resource Planning*), sistema de gestão de micro e pequenas empresas, mas com potencial para agregar serviços do mercado financeiro, e passou a fazer isso, colocando um pé no segmento. Seu forte mesmo está nas ferramentas que proporcionam muita economia no tempo de execução de tarefas de gestão. O CEO e fundador, Vinicius Roveda, é gaúcho e se dedicou ao sistema depois de cursar Ciência da Computação em Joinville.

O ano era 2008, o nome da startup nem era esse, e Roveda conta que inúmeros erros fizeram com ele reformatasse o negócio várias vezes até chegar ao lançamento da Conta Azul, em 2012.[4] O sistema não exige treinamento do usuário e conecta todas as informações da empresa, como notas fiscais, extratos bancários, comprovantes e outros dados do controle administrativo, enviando os relatórios diretamente aos contadores – tanto de pequenas como de médias e grandes empresas, gerando eficiência de gestão para todas. Sua plataforma é muito escalável e garantiu, em 2018, cerca de 100 milhões de reais em investimentos, tornando-se um dos *cases* mais bem-sucedidos do Brasil.

O Mercado Livre está conectado à Conta Azul. Portanto, se um pequeno varejista vende via Mercado Livre, sua gestão fica digitalizada. Se uma pequena empresa se comunica pelo Slack e Gmail ou realiza pagamentos on-line via Moip e PagSeguro, suas comunicações e pagamentos ficam digitalizados, pois essas ferramentas (todas de empresas da Nova Economia) estão integradas à Conta Azul.

Também responsável pelo fim da desorganização é o Pipefy, cuja plataforma faz a digitalização de processos, especialmente para empresas de pequeno e médio porte. Ela padroniza o trabalho da equipe, garantindo que todas as etapas sejam organizadas da mesma forma, e deixa tudo visível para o time todo. O fundador da empresa, Alessio Alionço, diz que criou a Pipefy movido pela frustração de não conseguir administrar seu negócio pela falta de um sistema que uniformizasse o trabalho. Cada colaborador usava método próprio, e muitas informações se perdiam. Em 2013, começou a trabalhar na ideia, consultou clientes em potencial e hoje a plataforma entrou em mais de cem países. A sede fica em Curitiba, mas a Pipefy montou escritório no Vale do Silício depois de conseguir uma vaga na aceleradora estadunidense 500 Startups.

Para fechar a lista, trago a RD Station, também criada para solucionar um problema do cofundador. Eric Santos tentava decolar com a Praesto, empresa de *mobile marketing*, e montou uma estratégia redonda para fazê-la crescer, porém não tinha ferramentas apropriadas para executá-la. Percebeu que seu problema revelava uma carência de todo o mercado, o que o motivou a fundar a RD, com sede em Florianópolis. Em poucos anos alcançou um patamar invejável, tornando-se referência de marketing digital na América Latina. Em 2021 a RD Station chamou a atenção da TOTVS, que adquiriu a startup por cerca de 2 bilhões de reais.[5]

Pipefy e RD Station seguem a mesma lógica da Conta Azul. Produtos expansíveis, criados para levar ferramentas sofisticadas, antes disponíveis apenas para grandes corporações, para um número muito maior de empresas. São soluções que ajudam os pequenos e médios empreendedores a aumentar o controle, a eficiência e a produtividade, gerando um novo ritmo para o desenvolvimento do Brasil. Um Brasil organizado em plataformas e usuários de tecnologia.

Lembro que nascer na Nova Economia não é suficiente nem define quem sobreviverá no futuro. Muitas empresas tradicionais estão conseguindo fazer a transição e mostram que o importante é fazer parte, adotar o *mindset*. Nesse sentido, neste exato momento, um dos melhores exemplos é o da Via Varejo. Dona das Casas Bahia e do Pontofrio, a companhia começou sua jornada pela transformação digital em 2019. Em dez meses, saiu de 2 milhões de usuários ativos em seus aplicativos para 12,5 milhões. As Casas Bahia nasceram em 1957 e se tornaram um império adotando como modelo de negócio a oferta de crédito para as camadas menos favorecidas da população. O cliente comprava a prestação e, ao voltar à loja todo mês para pagar o carnê, adquiria novas mercadorias. Imagine desmontar uma estratégia que funcionou por seis décadas... Foi o que a Via Varejo fez com a visão do executivo Helisson Lemos, vice-presidente de inovação digital, anteriormente COO da Movile e também líder da operação do Mercado Livre no Brasil.

Hoje, o app banQi da Via Varejo permite que milhões de clientes paguem suas prestações on-line. Os carnês, antes oferecidos apenas nas lojas físicas, passaram a ser uma opção a mais de crédito nos canais digitais. Durante a pandemia, não perderam tempo. O Retire Rápido, formato de venda em que o cliente compra no site e pega nas lojas, virou *drive-thru*. Assim que o movimento

NOVA ECONOMIA

caiu por causa da covid-19, em três dias eles criaram o canal Me Chama no Zap, que digitalizou os vendedores e se tornou um sucesso. A receita é clara. O importante para permanecer no jogo é a coragem de testar novas ideias, de abraçar a tecnologia para agilizar processos e de melhorar o desempenho.

Poderia continuar listando muitos outros casos. Como disse no início do capítulo, a Nova Economia está em fase de ascensão meteórica, mas ainda é um nicho. O objetivo aqui, no entanto, é mostrar que as empresas que conseguem atingir o tão sonhado crescimento exponencial têm muitas características em comum: são mais ágeis, compartilham dados em estruturas horizontais, não temem a concorrência, encaram os erros e, principalmente, fazem da inovação um ativo capaz de gerar vantagem competitiva. Começam com o propósito de resolver um problema que afeta muita gente e usam a tecnologia para vender soluções. Na esteira, conseguem melhorar toda a cadeia de produção e consumo, criando novos caminhos para o dinheiro.

Pare agora por um segundo e transporte seu pensamento para a década de 1990. Tente listar dez empresas que foram criadas naquela década por pessoas fora das famílias tradicionais e que conseguiram alterar uma cadeia de valor, captar dezenas de milhões de reais e escalar seu negócio, reduzindo custos e melhorando a experiência de seus clientes. Dificilmente você vai conseguir. Agora, traga seu pensamento para o presente: olhe para os anos 2000 e tente enumerar dez empresas que foram criadas por pessoas fora de famílias tradicionais e conseguiram alterar uma cadeia de valor, captar dezenas de milhões de reais e escalar seu negócio, reduzindo custos e melhorando a experiência de seus clientes. Este capítulo já fez a segunda lista para você, mas eu continuo com dificuldades de elaborar a primeira.

O IMPORTANTE PARA PERMANECER NO JOGO É A **CORAGEM** DE TESTAR **NOVAS IDEIAS.**

CAPÍTULO 12

O DESTINO DAS EMPRESAS TRADICIONAIS SÁBIAS

*Pergunte de quem foi a opção
de um mercado ser como é.
Se foi do consumidor, então você está
olhando para a Nova Economia.*

Nas últimas duas décadas, a tecnologia mudou nossa concepção de tempo e espaço. Um volume desmedido de informações transformou a conectividade em matriz de um novo mundo que, dentre tantas mudanças, fez surgir um consumidor ativo, pronto para exigir qualidade, comparar preços, avaliar benefícios e reconhecer quando é bem atendido. Aquele cliente que aceitava passivamente tudo que lhe era oferecido não existe mais. Já falamos sobre isso nos capítulos anteriores. Cabe, agora, refletir sobre o destino das empresas diante de toda essa mudança. **As corporações tradicionais se veem obrigadas a repensar o futuro, já que não há como manter um negócio sustentável sem considerar a transformação digital e toda a adequação cultural que ela carrega.**

Os economistas brasileiros começam o movimento de encaixar tal realidade à economia brasileira e suas empresas. Gustavo Franco, ex-presidente do Banco Central, escreveu sobre a importância de as empresas buscarem competência,

O DESTINO DAS EMPRESAS TRADICIONAIS SÁBIAS

produtividade, agilidade, dinamismo e criatividade sob a ótica da Nova Economia. Segundo o economista,

> o futuro será de mais serviços, ativos intangíveis, *knowledge based goods*, marcas, comércio eletrônico, software embarcado e conectado, modelos de negócios ensejados pela web (Google, Uber, entre tantos). *Todas essas coisas se distinguem pelo fato de que não têm peso.* Comparações de valor dessas empresas 'leves' com as 'antigas' são fáceis. É preciso lembrar-se disso para combater o discurso nostálgico da desindustrialização: o fenômeno é mundial e é muito mais uma questão de automação do que de *offshoring* na direção da China. O valor adicionado não se concentra na manufatura, mas nas etapas mais intensivas em conhecimento do processo produtivo, que são o *design* e na última etapa o *branding* associado aos canais de distribuição".[1]

Para se conectar a um consumidor mais consciente, é preciso conhecer suas expectativas e descobrir necessidades que ainda estão por vir, antecipando-se a demandas que só crescem. Muitas ferramentas permitem atualmente comparar produtos e preços a qualquer hora e lugar, acirrando a competitividade. Novos modelos de negócio entraram no mercado. Em franca expansão no Brasil, os e-commerces ainda demandam investimento e ajustes, mas a expectativa é que possibilitem experiências personalizadas. **Vai ganhar o jogo quem garantir a melhor jornada de compra e rapidamente se adaptar a regras que reorganizam internamente as empresas, colocando-as no século XXI. A mudança não é opção, é obrigação.**

No lugar de equipes com força de trabalho homogênea, majoritariamente permanentes e submetidas a modelos hierárquicos, entram sistemas que permitem a utilização de inteligência artificial para auxiliar colaboradores e times diversos com flexibilidade, obtida por meio de compartilhamento e terceirização. Na prática, significa montar redes com todos os tipos de potencialidade.

NOVA ECONOMIA

Escritórios tradicionais, com salas fechadas, são substituídos por espaços inteligentes, abertos, versáteis, prontos para facilitar decisões ágeis. E não há por que ter um departamento de inovação se a inovação deve ocupar todos os cantos da empresa. A liderança, antes feita por comando e controle, aprende que o momento pede inclusão e valorização da criação. Por fim, adotar um novo *mindset* também significa redirecionar o trabalho a um propósito, não mais ao lucro a qualquer custo, apropriando-se da tecnologia em vez de tornar-se refém dela. O lucro se torna consequência de um modelo de negócio ótimo com uma estratégia bem executada. Céticos dirão: mas não foi sempre assim? Pergunte às pessoas que trabalham nos seus times se elas acham isso...

Muitos desses desafios testam os acionistas. ==O trabalho envolve reinventar a estratégia, o modelo de negócio e a gestão. Não é tarefa fácil. Exige deixar para trás velhas regras e imperfeitamente construir o desconhecido, com ousadia e firmeza. Ter a coragem de abandonar a verticalização excessiva em prol de um ecossistema que troca a economia da escassez e da dominação do mercado por compartilhamento de conhecimento e abundância.== No novo mundo, as cadeias tradicionais são ocupadas por valores em constante desconstrução. Por isso cabe aos acionistas perceber o quanto antes que a adaptação significa alterar totalmente a forma de pensar as estruturas corporativas, seus objetivos e atributos. É preciso desmontar todo o arcabouço que vigorou por décadas.

"Vivi durante muitos anos em um mundo aconchegante, de marcas antigas e volumes grandes, em que nada mudava drasticamente." A frase, dita pelo empresário Jorge Paulo Lemann na conferência anual do Milken Institute em 2018, ilustra perfeitamente o tema aqui tratado. Na ocasião, Lemann se declarou "um dinossauro apavorado", revelando que suas empresas estavam correndo para se adequar. "Estou pronto e estou lutando. Eu não vou me deitar e fingir de morto", afirmou. Essa história é boa porque comprova o que já sabemos – a velha fórmula não funciona mais, é hora de rejuvenescer – e demonstra que há espaço para todos na Nova Economia. As empresas tradicionais podem fazer parte delas, desde que se ajustem e sejam humildes.

O DESTINO DAS EMPRESAS TRADICIONAIS SÁBIAS

No caso de Lemann, a modernização se deu, por exemplo, pela criação da Z-Tech, braço de *corporate venture* da Ambev concebido como *hub* de inovação para desenvolver ideias digitais que possam afetar o negócio. *Corporate venture*, não custa repetir, é uma forma bastante adotada por grandes corporações para pôr o pé na Nova Economia. São esforços que envolvem altos investimentos em startups em troca de inovação disruptiva, uma espécie de atalho para quem quer entrar na partida, mas ainda não sabe direito como jogar. A transição interna pede mais. E fica fácil entender a transformação necessária dos processos quando comparamos os dois mundos.

Nas empresas da Velha Economia, a organização se dá por unidades de produção com foco transacional, ou seja, não sob a ótica da jornada do cliente. O *marketing* é trabalho de um departamento específico, que constrói a marca por meio da propaganda de dentro para fora. Compra posicionamento. Nesse contexto, a satisfação do consumidor entra como preocupação secundária. Nada disso resiste aos novos tempos.

Na Nova Economia, o *marketing* não é tarefa de alguns, é de todos, já que as marcas se consolidam com direcionamento voltado para a retenção do cliente e aumento da frequência. Não existe a possibilidade de prometer o que não se pode entregar. A regra é o inverso. Dar aquilo que o cliente nem sabe que precisa e medir sua satisfação sempre, a cada novo passo, de todas as formas possíveis, transformando suas reações em combustível para novas ações.

As empresas são organizadas por segmento de cliente, o foco está nos indicadores de comportamento e no ciclo de vida do consumidor. Responder às expectativas dos acionistas perde relevância diante da necessidade de atender aos *stakeholders* (partes interessadas).

E tem ainda a metamorfose nas finanças. Todo aquele sistema baseado no patrimônio das famílias e na perpetuação da renda para várias gerações, abordado fortemente nos capítulos anteriores, se desfaz. Enquanto na Velha Economia o crescimento via fusões e aquisições tende a manter uma família controladora no poder, quem entra na Nova Economia começa a enxergar que é melhor realizar um M&A para manter empreendedores e dividir o risco da execução – bem como o retorno no futuro – com pessoas excepcionais. Se na

NOVA ECONOMIA

Velha Economia o dinheiro ia para a segurança da renda fixa, a fim de acumular fortuna, na Nova é destinado a apostas de risco que podem fomentar novas cadeias de valor e distribuir riqueza como nunca antes na história.

Além disso, a gestão financeira na Nova Economia adota diferentes ângulos para entender onde investir e em quem. A Velha Economia se pauta no transacional, focando primordialmente em operações rentáveis que geram resultados hoje. Por exemplo, não se compreende a jornada de um cliente. As empresas ainda se baseiam em demonstrações de resultados contábeis e períodos curtos de tempo para tomar decisões comerciais. Na Nova Economia, o foco é no *lifetime value*, métrica que aufere o valor que um cliente tem durante sua jornada dentro da empresa. Se os dados permitem prever o comportamento esperado, incluindo a frequência de compras, o valor médio do consumo e o tempo em que ele fica na carteira da empresa, então se consegue compreender o valor de fazer transações iniciais pouco rentáveis em prol da aquisição desse cliente. Se você é um daqueles que não entendem por que empresas da Nova Economia oferecem cupons para a realização de uma compra, então você é um executivo da Velha Economia. Na Nova Economia, quem opera bem o *lifetime value* necessariamente entende a importância de ser uma empresa orientada por dados e costuma ter cientistas de dados em seus times, bem como profissionais para desenvolver modelos de inteligência artificial. Enquanto isso, o velho e bom Excel continua sendo ferramenta primordial da Velha Economia.

Ações que são criadas a partir do envolvimento de todo o time interno e da rede colaborativa movem o novo mundo. É o fim do P&D – Pesquisa e Desenvolvimento, área que se tornou a representação máxima da Velha Economia. O P&D se isola em um time, comportamento contrário ao que se busca com a ascensão de ecossistemas que atuam por cooperação, formados para beneficiar toda a cadeia. Neste ponto, entramos numa discussão fundamental. A lógica da Nova Economia implica pensar grande e fazer coisas diferentes. **Para isso, é necessário usar um *mindset* que requer trabalhar em favor do ecossistema.** Explico utilizando um *case*.

Em 2014, a fabricante de carros elétricos Tesla – uma daquelas grandes apostas de Elon Musk que citei no início do livro – liberou suas patentes antes que expirassem.² Foi uma surpresa e tanto, porque a empresa cedeu para outras montadoras tecnologia exclusiva. Na verdade, o que Musk fez foi abrir mão de uma vantagem competitiva em prol do desenvolvimento de toda a cadeia de valor, porque ele sabia que era preciso ter mais montadoras produzindo veículos elétricos para o funcionamento do ecossistema – contar com postes nas ruas para carregar os carros, por exemplo. A grande vantagem competitiva da Tesla não era produzir veículos movidos a eletricidade, e sim desenvolver a capacidade de armazenar energia. Fica extremamente claro o tipo de pensamento que a Nova Economia impõe às decisões de gestão.

Outro *case* que nos ajuda a entender melhor os novos tempos é a estratégia da Michelin.³ Fabricante de pneus, a empresa buscava uma forma de se destacar entre as concorrentes num segmento marcado pela tendência do consumidor de optar pelo preço, já que as diferenças entre marcas no que se refere à qualidade não eram expressivas. A Michelin decidiu alocar profissionais nas sedes de grandes clientes a fim de verificar regularmente o estado dos pneus, contribuindo para aumentar a vida útil dos produtos. Em princípio, o mercado estranhou. Qual a vantagem da Michelin? A consultoria técnica, aliás, levou as empresas que antes compravam mil pneus a adquirir apenas oitocentos. Mas a estratégia fez com que os tais oitocentos fossem todos da marca francesa! Ao agregar um serviço ao produto, a Michelin criou uma solução. Isso tirou a empresa da lógica da transação financeira e a instalou na lógica da retenção e frequência do cliente. Sua proposta de valor mudou.

A questão é que para encontrar soluções como a da Tesla ou a da Michelin é preciso ter um time de executivos modernos. De novo: não basta alterar o modelo de negócio, pois equipe, estrutura organizacional e uso de tecnologia pedem outros formatos. E uma vez que a empresa se coloca nessa trilha, processos, áreas de produto, finanças, entre outros, também pedem um choque de renovação.

TECNOLOGIA PROPRIETÁRIA É A CHAVE

No que se refere à tecnologia, pelas velhas regras o crescimento é baseado na expansão em novos mercados e apoiado em meios pouco digitais e em

NOVA ECONOMIA

muita tecnologia de terceiros. **Reflita sobre as empresas em que trabalhou e verá que a grande maioria delas nunca viu o desenvolvimento de tecnologia proprietária como uma competência central.** Historicamente, buscaram tecnologias prontas, desenvolvidas por terceiros, ou contrataram uma software *house* para desenvolver algo. Como é possível construir uma vantagem competitiva usando o mesmo software que os competidores ou ancorando-se em um software que não se atualiza à frente dos concorrentes? Do ponto de vista prático, empresas da Nova Economia constroem seus times para desenvolver tecnologia proprietária. Em discussão de estratégia, é comum dizermos *"Make or buy"**. Na Nova Economia, em geral, gosto de dizer *"Build or die"***.

Ao aderir ao modelo da Nova Economia, uma empresa cresce a partir da tecnologia proprietária e pode exponenciar a colaboração, por exemplo, via *open source*, que é um código programado para ser acessado de maneira pública, o que implica ser flexível e de baixo custo para ser efetivo. Um software *open source* é desenvolvido a partir de uma gestão descentralizada e colaborativa, com constantes revisões pelo público que o acessa. Esses processos priorizam o ecossistema, derrubando a necessidade de patentes que forçam o mercado a escolher entre diferentes padrões, bem como estimulam a integração via APIs, expandindo a cooperação no ecossistema.

A API potencializa a formação de um ecossistema. Na Velha Economia, uma montadora de veículos, por exemplo, pode impor regras a fornecedores de autopeças que dependam da fábrica para sobreviver, definindo inclusive os preços dos componentes. Na Nova Economia, as APIs alimentam a concorrência saudável. Todas as pontas têm liberdade e lutam pelo sucesso da rede, porque é o conjunto que garante o crescimento de cada um. No dia em que um participante se sente desprestigiado, ele simplesmente pluga em outro lugar. Não é uma questão de exclusividade, como na Velha Economia, é uma questão de alinhamento de interesses e de incentivo.

---

* *"Make or buy"* significa "Construir ou comprar" e se refere à decisão de criar um negócio organicamente ou fazer a aquisição de um já existente.

** *"Build or die"* significa "Desenvolva um software ou morra" e se refere ao conflito entre ter tecnologia proprietária como competência central ou não ter.

O DESTINO DAS EMPRESAS TRADICIONAIS SÁBIAS

O departamento de tecnologia nas empresas da Velha Economia costuma estar ligado ao departamento financeiro, pois é visto como centro de custo. Na Nova Economia ele fica ligado diretamente ao CEO, por desenvolver, de modo ágil, alavancas de crescimento. As métricas de desempenho da empresa passam a estar ligadas diretamente ao desempenho da tecnologia. Performance é sinônimo de frequência de implantação de código (o famoso *deploy*), tempo para implementação, tempo para restaurar estabilidade e número de mudanças que resultam em problemas. A estrutura organizacional da Velha Economia produz uma cultura pior do que a idealizada. É uma estrutura de silos, orientada para atender a compreensão do negócio pelos acionistas, e não para ter um negócio orientado ao mercado.

Em função dessa evidente disrupção no modo como os segmentos da economia passam a se organizar, a estratégia das empresas deixa de ser um roteiro definido para execução ao longo de vinte anos. Agora, é um processo que exige visão elástica e planos táticos durante todo o percurso, para que o empresário possa ajustar o negócio a cada novo sinal do mercado, única forma de tomar decisões que lhe permitirão continuar a gerar riqueza no futuro – para si mesmo e para todos os *stakeholders*.

Os acionistas estão cada vez mais delimitando a linha que separa a Velha da Nova Economia. A Dynamo, gestora de recursos já mencionada aqui, há alguns anos tem expressado suas reflexões sobre como as barreiras de entrada das empresas de bens de consumo estão diminuindo, uma vez que a internet mudou o comportamento dos consumidores, logo, o ambiente competitivo.[4] As redes sociais e a internet agora permitem que o marketing digital tenha uma granularidade de dados sem precedentes para a publicidade direcionada, bem como transferiu-se o protagonismo da defesa e da construção de uma marca, antes responsabilidade das empresas, para consumidores e influenciadores. Por fim, o e-commerce transformou empresas de um segmento em ecossistemas. Para a Dynamo, "as empresas nascidas nos últimos dez anos, em todos os setores, são construídas de maneira diferente, de baixo para cima".

É por essas razões que as empresas que efetivamente querem fazer parte da Nova Economia precisam incorporar todas as mudanças estruturais

NOVA ECONOMIA

abordadas neste capítulo. Sem isso, não há como tornar real a meritocracia de ideias, a transparência, a tecnologia proprietária e os demais conceitos que definem a gestão do futuro. Não adianta se dizer inovadora se a estrutura não reflete isso.

1 Cultura orientada à tecnologia
2 Modelo de gestão ágil
3 Infraestrutura de tecnologia moderna
4 Mentalidade de ecossistema
5 Orientação a dados
6 Negócio integrado à tecnologia
7 Tecnologia proprietária
8 Modelo de negócio digital

TORNANDO-SE UMA EMPRESA DA NOVA ECONOMIA

A LÓGICA DA NOVA ECONOMIA IMPLICA PENSAR GRANDE E FAZER COISAS DIFERENTES.

CAPÍTULO 13

PLANO DE CARREIRA NÃO FORMA LÍDERES ANTIFRÁGEIS

Em uma entrevista, pergunte qual foi a maior realização pessoal de um candidato. Se não se encantar com a resposta, reflita se vale a pena olhar o currículo e continuar a conversa.

Encerrei o capítulo anterior reafirmando que a estrutura organizacional precisa ser dimensionada em novos formatos para uma empresa prosperar na Nova Economia. Mas isso não basta. **Equipes estimuladas a criar e a se posicionar impulsionam as organizações e constituem seu principal ativo. É impossível pensar em ecossistema e rede de colaboração sem ir a fundo na instituição de novas relações de trabalho.**

O emprego seguro e estável, acompanhado de segmentação hierárquica da remuneração, com pacote de benefícios rígidos e não inclusivos, já não faz mais sentido. O mérito das ideias se impõe e com ele a alta mobilidade interna, bem como as *stock options* – planos de oferta de ações oferecidos pela empresa ao colaborador, que entram como componente importante, compartilhando a propriedade da companhia. As equipes precisam cada vez menos do tradicional sindicato para ter voz, pois o diálogo fica muito mais direto. Quanto aos benefícios, destaque para a flexibilidade na escolha, para que todos cuidem da gestão dos

PLANO DE CARREIRA NÃO FORMA LÍDERES ANTIFRÁGEIS

recursos de maneira criteriosa, ajustando-os para sua realidade, e não recebendo um pacote padrão como se todas as pessoas tivessem a mesma vida.

Em nossos tempos, nenhuma empresa, por mais que tenha um DNA atrelado à Velha Economia, vai negar a disposição de fomentar uma cultura mais participativa, colaborativa e horizontal. No discurso, todas querem ser mais ágeis, menos engessadas. A diferença é que algumas realmente tentam, outras não. Em qualquer quadro de valores na parede de uma empresa, é possível encontrar fórmulas para expressar o que ela deseja do colaborador e professar os compromissos que assume com ele. "Reconhecemos e valorizamos a carreira com base em mérito, potencial e qualidade de entrega"; "Investimos no desenvolvimento de cada pessoa que faz parte do nosso time"; "Aqui, todo mundo tem as mesmas oportunidades para crescer e fazer a diferença, independentemente da idade, do tempo de casa ou do lugar do globo onde estejam trabalhando" – todas essas frases, com menor ou maior variação, estão no manual de companhias que puseram o pé – mesmo que timidamente – no século XXI.

Para mostrar como isso é feito na Nova Economia, recorro à minha experiência no iFood. Lá, traduzimos nosso compromisso com os colaboradores da seguinte maneira:

> Nós vamos te desafiar até o seu limite, publicamente e diariamente. Vamos dedicar tempo te explicando os porquês, suas prioridades e suas metas, vamos te engajar de diversas formas. Mas também cobraremos de você os melhores resultados possíveis. Não vamos promover pessoas legais, amigos que estão aqui há muito tempo. Vamos dar mais espaço para quem vai fazer a diferença; e menos para quem não está comprometido.

Reconhecem-se os sonhos e os limites das pessoas para respeitá-los; e é a partir disso que se trabalha para fazer com que todo o potencial do colaborador possa ser transformado em resultados para a empresa e oportunidades para o time. Um exemplo marcante aconteceu quando um jovem executivo com carreira impecável recebeu a oportunidade de fazer uma mudança radical que o colocaria em uma posição com mais exposição e possibilidades. Ele disse não. Ou seja, atingimos o potencial máximo de seu sonho. Não precisamos forçá-lo a buscar algo que não queria e pudemos manter um profissional com altíssima entrega na equipe. É uma relação de equilíbrio: desafio sem apoio coloca uma carreira em perigo; apoio sem desafio engana um profissional, pois não o leva para o estágio seguinte. Sem desafio e sem apoio, transformamos a carreira de uma pessoa em algo sem sentido. Desafio e apoio juntos fazem do líder e dos liderados parceiros com um mesmo objetivo.

OLHAR EMPÁTICO

Na Nova Economia, não é o currículo com o nome das melhores universidades estampado que conta, mas sim uma atitude que reflita capacidade e disposição para aprender e se engajar na busca de soluções. No momento em que escrevo, tenho uma equipe de trezentas pessoas que se divide em frentes de atuação tão distintas como compras, jurídico, finanças, riscos, estratégia, M&A e políticas públicas. Todas elas, sem exceção, sabem usar SQL, a linguagem dos bancos de dados relacionais. Alguém em sã consciência acredita que consegui contratar a maior parte do time com essa competência já "instalada"? Nos dedicamos horas e horas – inclusive eu – a entender como modelar essa linguagem, que hoje nos permite acessar o banco de dados da empresa simultaneamente, de maneira descomplicada e unificada, assegurando que toda a companhia esteja alinhada na hora de tomar decisões, sem estrutura de silos e com total transparência.

Evolução por meritocracia de ideias é olhar as capacidades e ajustar a carreira de maneira empática. Uma advogada do iFood apresentava energia e desejo de encarar desafios enormes, sempre cercados de grandes incertezas. Seu desempenho claramente tinha correlação com o tamanho do estímulo, mas existiam características em sua formação e trajetória (advogados sofrem preconceito quando almejam uma área baseada em análise de dados) que levariam gestores da Velha Economia a nunca apostar numa mudança de carreira radical para alguém como ela. O olhar do líder a levou para a área de *payments* (tema que está despertando muita atenção no Brasil) e seu apoio permitiu uma transição consistente e madura. Ela passou a colaborar com a formação de um novo mercado no Brasil. Na Nova Economia, os colaboradores têm um forte desejo de independência, uma necessidade notável de realização e acreditam que podem controlar o resultado dos eventos de que participam. Fazem isso porque têm maior capacidade de lidar com a incerteza. Ao contrário da crença, não buscam mais riscos, mas são capazes de melhor gerenciá-los. As pessoas se sentem confortáveis para arriscar, pois errar faz parte do processo, e existe compreensão sobre as decisões tomadas e o tempo de maturação de cada um em uma nova posição. Em outras palavras: na Nova Economia, é possível ver oportunidade onde outros só enxergam problemas.

COMO MONTAR O TIME

Já destaquei anteriormente o conceito da antifragilidade e analisei suas implicações nas organizações, mas pouco falamos sobre pessoas antifrágeis. Recorro novamente ao iFood para sacar bons exemplos. Um de nossos colaboradores encarna exatamente esse perfil. Estudante, estagiava no Banco Central de um país africano quando a guerra civil chacoalhou a nação e instalou no poder um grupo político que fez um expurgo nos cargos públicos e passou a perseguir seus antigos ocupantes. Ele, então, fugiu do país com o passaporte do primo e pediu asilo ao Brasil. Sem dinheiro nenhum, foi morar na Praça da Sé, no centro de São Paulo, até que arrumou emprego de garçom. Já com dinheiro para sobreviver, prestou vestibular e entrou em Economia numa faculdade privada. Cumprida a etapa de estudos, candidatou-se a uma vaga de *trainee* numa empresa grande. Foi nessa fase da vida que o descobrimos. Imediatamente, sabíamos que ele teria de vir trabalhar conosco. Sua trajetória, sua garra, sua capacidade de reinventar-se diante das maiores adversidades nos interessam. Meritocracia com filtros tradicionais nunca teria permitido a contratação desse talento.

Contratar é a coisa mais importante que se pode fazer dentro de uma empresa. E formar um time antifrágil não é escolher quem passou no vestibular mais disputado, e sim quem tem maior capacidade de aprender. Uma secretária da nossa área demonstrou ao longo do tempo capacidade de organização excepcional. Sua

NOVA ECONOMIA

competência para pôr em ordem tudo à sua volta nos fez ver nela uma profissional que poderia trabalhar muito bem a cultura da empresa e a estruturação de um ambiente em que as pessoas pudessem viver mais a lógica do nosso negócio. Hoje, é coordenadora de *Environmental, Social and Governance* (ESG) do iFood. Por isso, acredito que precisamos sempre contratar pessoas multifacetadas e comprometidas com o mundo. Nossa secretária tinha uma qualidade que se revelava em tudo que fazia – e superava os limites do que se exige no dia a dia de sua função. Pessoas incríveis tratam os outros bem, fazem mais do que precisam fazer, inspiram outras. É isso que ela está fazendo hoje na empresa. Na Velha Economia, uma secretária sempre vai trabalhar como secretária. Problema nisso? Não. Problema é não existirem opções para um talento.

Antifragilidade não é algo que se ensina só com teoria. Profissionais que se tornam antifrágeis não "cabem" em planos de carreira, pois planos de carreira fazem as pessoas avançar ao cumprir *steps* desenhados por alguém, mas não as faz evoluir no sentido antifrágil em que esse termo deve ser compreendido. Profissionais antifrágeis não podem esperar um ano por um questionário burocrático que vai dizer a eles se fizeram por merecer 5% a mais de salário – que só será concedido no ano seguinte. Aliás, uma organização que precisa de um ano para saber se a decisão tomada lá atrás foi acertada está definitivamente fora do jogo. Na minha chegada ao iFood, um diretor do time apresentava uma entrega forte, mas de modo completamente desconectado de nossa cultura. O feedback para ele foi claro: o iFood é feito de pessoas que têm um conjunto de valores em comum. Ele perguntou se poderia ser demitido por isso, e eu fui claro: vamos trabalhar juntos nessa questão, mas, se falharmos, não haverá outra opção. Sua resposta foi buscar inspiração. Por causa dos resultados, dois anos depois ele está ocupando o cargo de CFO de outra empresa do Grupo Movile. Feedback radicalmente transparente é exatamente o que incentivamos toda a equipe a fazer, sempre com o objetivo de ver o receptor em um lugar melhor. Ou seja, ao mostrarmos boa-fé, tornamos mais fácil falar a verdade e a transformamos em uma fonte de poder.

Hoje, os feedbacks devem ser constantes. Uma colaboradora recém-contratada saiu de um casamento de maneira traumática. Ela era jovem, competente, tinha um comportamento alinhado com nossa cultura, mas, nos primeiros seis meses depois desse evento, precisamos nos concentrar para que voltasse a acreditar em si mesma. O desfecho de sua relação com o ex-marido havia abalado de tal maneira sua autoconfiança, que precisamos lembrá-la sistematicamente de suas qualidades, suas possibilidades. Ao fim de um semestre, ela reagiu. Chegou ao iFood como gerente; em um ano, era *head* de área; e, ao fim de dois anos, tornou-se diretora.

Mas não são só os incentivos que produzem resultados, como já mostrei ao falar do diretor do iFood anteriormente e também ao abordar o assunto no Capítulo 4. É preciso abrir espaço regular para os feedbacks desconfortáveis. Um dos mais significativos que recebi foi essencial para entender as consequências de minha própria conduta como gestor. Como já ficou claro, nas avaliações de que participava no iFood, eu insistia muito na questão da cultura da empresa, do esforço necessário de cada um para entender que alguns pontos que prezamos – como o cuidado para evitar o uso de expressões machistas, ainda que a pessoa não seja machista – precisam ser levados a sério e praticados. Ocorre que a força com que sempre me expressava nessas ocasiões apontava numa direção: ou elas se adaptavam ou poderiam acabar demitidas… Um dia começaram a me advertir para o fato de que eu despertava medo. Todos que me conhecem sabem que esse não era meu propósito nem meu desejo. Eu queria verdadeiramente incentivar a mudança, ajudar a entender a importância de adotar novos comportamentos (como fiz com o diretor já mencionado), mas acabava por fazer com que algumas pessoas se sentissem ameaçadas. Ouvir isso foi doloroso, mas me indicou o caminho de mudança. Se eu queria adesão a bons princípios, não poderia soar ameaçador. Se eu queria construir o novo, tinha de encontrar uma forma nova de me expressar. Quem imagina um executivo sênior recebendo bem feedbacks assim, de modo público? Bom… quem é incapaz de encará-los faz parte da Velha Economia.

CULTURA DE DONO

Alarga-se cada vez mais a distância entre as receitas da Velha e os desafios da Nova Economia. Pessoas requerem tempo e energia de outras para dar o

NOVA ECONOMIA

melhor de si. Em todos os aspectos. Hoje, prospera a ideia de inclusão até no que diz respeito a todos – todos mesmo – se sentirem donos do negócio. Além do cuidado humano, remuneração fixa e bônus devem ser competitivos, mas, como já disse, são as *stock options* baseadas em resultados – do indivíduo, do time e da empresa – que movem os ponteiros em direção a esse norte. Já regra no Vale do Silício, a ferramenta se torna cada vez mais popular no Brasil, à medida que mais profissionais aceitam o risco de trabalhar para startups e mais fundadores compartilham a propriedade com quem está construindo a companhia. De acordo com o já mencionado levantamento feito pelo fundo de investimento Atlântico na América Latina, as *stock options* de colaboradores representam de 6% a 10% do *equity* de unicórnios na região.

Como funciona exatamente? Pelo sistema, o colaborador tem o direito de comprar ações no futuro pelo preço que elas têm no momento em que o benefício lhe é concedido, o chamado *strike price*. Assim, embora o valor dos papéis aumente com o tempo, ao exercer o direito, ele ganha dinheiro, pois pode vendê-las pelo preço do mercado. No entanto, existem regras para regular esse processo: o padrão é um ano de *cliff* – quem sair da empresa em até um ano não tem direito a exercer a opção – e quatro anos de *vesting*[*] – tempo necessário para "vestir" as ações.

Quem ganha as *options*? Como ganha? Isso muda muito, mas, como já disse, **quanto mais o valor das ações for reconhecido e a "propriedade" for disseminada na companhia, maiores as possibilidades de a cultura de dono se propagar entre os colaboradores**. Vale destacar aqui o processo adotado pela startup mineira Méliuz para dar forma ao programa de *stock options* de seus colaboradores. O processo de elegibilidade é aberto a todos e desencadeado pelo próprio colaborador. É ele quem deve escrever aos fundadores apresentando as razões pelas quais deve se tornar sócio da empresa. Uma vez ao ano, os fundadores se reúnem para analisar os pedidos e decidir quem leva o benefício.

Companhias terão de se adaptar para atrair talentos que tenham capacidade de transformar seu potencial em resultado. Para isso, serão necessárias mudanças.

---

[*] Aquisição progressiva de direitos que cumpre condições de carência. O cumprimento permite que o beneficiário exerça suas opções pagando à empresa o valor definido de exercício (preço de exercício ou *strike price*), recebendo em troca o número de ações relacionado.

PLANO DE CARREIRA NÃO FORMA LÍDERES ANTIFRÁGEIS

O RH é cada vez menos decisor nesse processo. Seu papel na Nova Economia é fornecer as diretrizes e as ferramentas. **O poder de formar equipes está nas mãos da liderança. Se não há capacidade para encontrar e cultivar talentos, não há razão para ter se tornado líder. A estrutura de uma empresa não muda se ele não se cerca de pessoas competentes, comprometidas, dispostas a aprender.** Quem trabalha em uma empresa em que só aquela meia dúzia recebe *stock option*, decididamente, está na Velha Economia.

O líder precisa ter bom senso e propiciar um ambiente de estímulo aos profissionais, não canalizar a energia que deve ser destinada à criação para esmiuçar detalhes cuja relevância no resultado final de um projeto é nula. O tempo perdido em perfeição pode sempre ser mais bem usado para testar uma hipótese ou experimentar mais uma ideia. Já se disse muito por aí, mas repito aqui: **na Nova Economia, não se pede licença, mas sim desculpa. Se assim não for, ninguém vai tentar, ninguém vai ousar**.

Aumentar as oportunidades de atrair talentos significa não deixar que falsas limitações excluam aqueles que podem verdadeiramente fazer a diferença. Lembro até hoje do dia em que fizemos uma proposta para uma advogada para uma gerência jurídica, mas ela declinou dizendo que, na véspera, havia descoberto que estava grávida. Perto dos 40 anos, finalmente realizaria o sonho de ter um filho, por isso lamentava por não aceitar o desafio. Quando ouvimos isso, imediatamente deixamos claro que o convite estava de pé: estávamos contratando-a para seguir na empresa por muitos anos. Não seriam alguns meses de licença-maternidade que nos impediriam de fazer isso. Foi o que aconteceu. Ela começou a trabalhar conosco, permaneceu na ativa por oito meses e ficou afastada outros seis. Na volta, tinha toda a energia do mundo para dar continuidade ao trabalho. Sentia-se valorizada, sem limitações. Hoje é detentora de *stock options*.

A FORÇA DA PLURALIDADE

A inclusão de diversidade é outro aspecto fundamental. As ações afirmativas impulsionam ecossistemas organizacionais capazes de entender melhor diferentes realidades e situações e responder a elas de maneira mais eficiente.

NOVA ECONOMIA

Todo o ecossistema da Nova Economia está se mostrando cada vez mais empenhado em fomentar a inclusão. Recentemente, a Multilaser, por exemplo, anunciou que investiria 10 milhões de reais na Mais WE, iniciativa do WE Ventures, da Microsoft Participações, do Sebrae, da M8 Partners e da Bertha Capital para promover o empreendedorismo feminino no setor de tecnologia no Brasil. O WE Ventures está trabalhando para captar 100 milhões de reais em cinco anos e dar visibilidade a startups comandadas por mulheres.

Tudo isso para mostrar que, **na Nova Economia, a grande força de uma empresa está nas habilidades de seus colaboradores ou na chamada densidade de talentos. Para alcançar alto desempenho, as organizações precisam contar com equipes capazes de olhar e interpretar a realidade de maneira distinta.** Se todo o time vem do mesmo grupo, como assegurar as percepções que permitam criar formas inteligentes de se diferenciar? A diversidade nos dá a possibilidade de dialogar com todo o mundo.

Se somos diversos, por que é um plano de carreira enlatado que nos desenvolve?

NA NOVA ECONOMIA, NÃO SE PEDE LICENÇA, MAS SIM DESCULPA. SE ASSIM NÃO FOR, NINGUÉM VAI **TENTAR**, NINGUÉM VAI **OUSAR**.

CONCLUSÃO

A hora é agora. Não há mais tempo nem razão para o Brasil ficar de fora da nova era que este livro apresentou. Por mais arraigados que sejam os nossos vícios, por maiores que sejam os obstáculos burocráticos desde sempre interpostos entre quem empreende e o sucesso, os sinais de que essa transformação está em curso são inequívocos. Os frutos da revolução tecnológica e comportamental da Nova Economia vêm se disseminando na sociedade, com o surgimento e o crescimento de mais e mais empresas que apostam nas boas ideias. E – o que é fundamental – sem depender da boa vontade do Estado. Ao contrário, serão as pessoas "comuns", os brasileiros, que mudarão o país. Já estão mudando, e muito em breve o mastodonte que distribui favores não terá escapatória a não ser se adaptar ao mundo contemporâneo; logo mais, as empresas que não tiverem feito a transição da Velha para a Nova Economia vão mergulhar na insignificância ou simplesmente desaparecer.

É a dinâmica do mundo conectado e globalizado que está demolindo os pés de barro das estruturas que nos sustentaram desde a colonização – à custa de muita exclusão, ineficiência e autoritarismo. Já fomos a terra do pau-brasil, dos metais preciosos, da cana-de-açúcar, do café, da soja, da carne, da metalurgia e de outras *commodities* que, desde Pero Vaz de Caminha, pareciam moldar nossa vocação econômica, qualquer que fosse o regime político. **Temos hoje a possibilidade, a oportunidade de finalmente deixar de ser um país altamente dependente de produtos primários, exportador, e começar a ser um país de tecnologia, atraindo capital e talentos para desenvolver ideias inovadoras e serviços para o mundo em que estamos integrados.**

CONCLUSÃO

E esse processo está sendo conduzido por pessoas comuns, que na verdade fazem o que é mais incomum na nossa história: estão se livrando da dependência do Estado e das antigas culturas da acomodação e do medo; empoderadas, com a autoestima elevada, ganhando dinheiro, independentemente de suas origens. É por isso que esse novo empreendedorismo oferece também as chaves de uma sociedade mais horizontal, com menos privilégios, mais justa e mais diversa. Nunca foi tão grande a nossa chance de alterar a rota do Brasil.

Estruturalmente, estamos sim em desvantagem. Mas esses novos empreendedores já podem se mover sem a dependência histórica dos empresários da Velha Economia. Sem as limitações físicas que mediavam os negócios, o espírito animal está na praça. Iniciamos um ciclo em que os brasileiros – os brasileiros, não os empresários – serão detentores de patrimônios que geram valor. Não se trata de propriedade física nem de investimento deitado nos louros dos juros, mas de valor que nasce do risco, que cria as próprias oportunidades.

Vamos mudar o destino do país. Tanto melhor será, naturalmente, se o poder público perceber e abraçar esse movimento, removendo seus fósseis do caminho – quem sabe, com sorte, até colaborando para acelerar a mudança. Temos desafios a vencer. Já falamos sobre um dos principais gargalos a enfrentar, mas não custa aproveitar estas palavras finais para jogar mais luz no debate. Guardei os dados de um relatório[1] publicado conjuntamente pela ONG Fundação Brava, pelo *hub* de inovação BrazilLAB e pelo Centre for Public Impact do Boston Consulting Group. O texto me ajuda a reforçar algo muito importante.

O Brasil, segundo esse documento, tem a maior defasagem de mão de obra qualificada digitalmente na América Latina. O estudo se baseia nos dados da International Data Corporation, que identificava em 2016 uma lacuna de 161 mil pessoas; para supri-la, seria necessário formar quase 70 mil profissionais ao longo de oito anos, mas este número andava, no momento da publicação deste livro, na casa dos 46 mil. Feitas as contas, chegaríamos em 2024 com uma defasagem de cerca de 300 mil profissionais. Um espanto para um país que se debate com uma taxa de desemprego que

NOVA ECONOMIA

atinge em grande parte os mais jovens – que, vamos ressaltar, não precisam mais depender das vagas oferecidas pelas grandes empresas, nos grandes centros urbanos. Com essa qualificação, podem traçar a própria trajetória, em qualquer lugar do país.

Sim, educação deveria ser uma atribuição do Estado. Mas não podemos, não vamos ficar de braços cruzados esperando. Já falamos da Trybe aqui. Mas há outras iniciativas igualmente empenhadas em reverter essa situação. Cada uma do seu jeito. Fundada por Nuricel Villalonga, CEO do Instituto Alpha Lumen, a ONG Alpha EdTech, por exemplo, criou bolsas de estudo de mil reais ao mês para pessoas de baixa renda que poderão se posicionar no mercado digital em um ano e meio. É uma corrida contra o tempo, com mais chances de ser vencida se iniciativas semelhantes prosperarem. Ao Estado cabe agir de verdade em prol dessa formação, envolvendo o ensino público médio e as universidades. Mas de novo: não podemos ficar parados esperando. Até aqui, fomos nós, brasileiros comuns, empreendedores de uma nova era, que mostramos o caminho, e assim vamos continuar, até que não seja mais possível negar a realidade.

Ao mesmo tempo, temos desafios de modernização do *mindset* estatal. A massificação do e-commerce transformou a economia brasileira, e uma nova lógica tributária digital passou a ser demandada, o que obriga os intérpretes do direito tributário a ressignificar conceitos oriundos da Velha Economia. O Estado brasileiro precisa evitar a criação de entraves ao desenvolvimento da Nova Economia por meio da reinterpretação das normas tributárias, as quais devem passar a contemplar os atributos da ultraconectividade, da escalabilidade dos negócios e da menor presença de produtos físicos. É preciso cuidado para não reduzir a velocidade da Nova à da Velha Economia.

Outro campo estatal que merece completa redefinição é o da competição. O ponto de partida de uma discussão de poder de mercado é a definição de mercado. A Nova Economia brasileira está disposta a discussões como essa. Afirmar que uma empresa tem domínio do mercado e que está abusando desse domínio implica considerar o mercado on-line e off-line? Como relativizar o fato de que há um domínio de mercado em um ambiente

CONCLUSÃO

on-line ainda pequeno? Como avaliar uma empresa como o Mercado Livre nesse contexto? Olhamos o tamanho da empresa como um todo? Mas, e se a discussão envolver a Livraria Saraiva, qual a relevância das vendas de roupas no Mercado Livre? Então olhamos apenas o tamanho da empresa no segmento de livros? A Nova Economia torna mais sofisticados alguns conceitos e, portanto, requer uma nova compreensão deles.

Como exemplo, muito tem se falado sobre a necessidade de acabar com os possíveis monopólios das *big techs* como Amazon, Facebook e Google. Imagine como seria esse processo. Como organizá-lo para que as pessoas possam manter o nível de conectividade com seus amigos e marcas preferidas? Como manter a eficiência econômica que essas cadeias de valor trazem? Presenciaremos disputas acirradas ao trazer para a mesa, como o embate entre aplicativos e protocolos. A mudança para protocolos pode permitir que usuários moderem filtragem de conteúdo, publicidade, notícias e relações comerciais. Aplicativos, por sua vez, já definem tudo isso para seus usuários. O modelo de protocolo reduz significativamente o poder de mercado de uma plataforma. Essa é uma discussão complexa que exigiria um livro inteiro de análise. O ponto aqui é que não podemos simplesmente usar conceitos da Velha Economia na Nova. Pensem, por exemplo, no valor que o monopólio de uma plataforma de saúde pode ter, afinal o volume de dados lhe dá uma capacidade ímpar para prever doenças por meio de inteligência artificial. Um mercado com dez plataformas de saúde detendo 10% de mercado cada uma seria mais competitivo? Sim. Mais benéfico para a sociedade? Não! É muito importante que não deixemos que o Brasil se renda à Velha Economia ao não refletir sobre uma nova em formação. Cuidado para não reduzirem a inovação da Nova Economia ao P&D da Velha.

Na próxima década, as tecnologias com que temos sonhado irão se tornar produtos comercializados em escala no Brasil, sustentados pelos fortes investimentos no setor nos últimos vinte anos. Mesmo que alguns produtos já estejam por aí, eles simplesmente não se tornaram populares ainda. A primeira tecnologia capaz de se popularizar é a inteligência artificial. Imagine o impacto na produtividade da economia quando ela estiver disponível para

NOVA ECONOMIA

as empresas brasileiras como um todo? Outra onda esperada para se tornar relevante do ponto de vista comercial é a do reconhecimento de voz baseado em algoritmos. Inúmeros trabalhos repetitivos poderão ser substituídos pela tecnologia, enquanto empresas mais eficientes direcionarão seus investimentos para novos empreendimentos, que absorverão a mão de obra de modo muito mais inteligente. Outra evidente expansão será a dos carros elétricos, que vão provocar disrupção nas tradicionais empresas automobilísticas, bem como forçarão uma mudança relevante na indústria de petróleo. Também deveremos ver uma onda de robôs, tais como os robôs cirúrgicos, capazes de aumentar a qualidade do serviço público de saúde, salvando milhares de vidas e gerando bem-estar para milhões de pessoas no país. Segundo Chad Syverson, economista da Universidade de Chicago, a combustão interna provocou saltos de produtividade, levando a um forte crescimento econômico na década de 1920. Da mesma forma, ele acredita que o salto de produtividade de 1995-2005 pode ter sido apenas o primeiro estágio de uma onda liderada pelos microprocessadores. Syverson agora crê que essa década poderá viver mais um salto de produtividade.[2] A diferença agora é que o Brasil não está enxergando esses saltos da arquibancada. As empresas da Nova Economia brasileira colocaram o país em uma posição privilegiada em relação ao passado, mas ainda atrás dos países desenvolvidos. Se as amarras da Velha Economia não nos segurarem, desta vez será diferente.

Nesse futuro que se avizinha, uma das tantas consequências será a descentralização da economia. A tecnologia dispensará estar em São Paulo ou Rio de Janeiro para fazer acontecer. **Na lógica de rede, de plataforma, outras geografias entram em cena, deslocando as oportunidades dessas capitais, fortalezas da Velha Economia, para outras regiões, para bolsões que também rejeitam ser reféns do Estado, seja em nível municipal, estadual ou federal.** Exemplos concretos são o Zebu Valley, um ecossistema de incentivo a startups na cidade de Uberaba; o San Pedro Valley, uma comunidade de startups em Belo Horizonte; o Porto Digital em Recife, que congrega mais de trezentas empresas da área de tecnologia; o Vale do Pinhão, em Curitiba, resultado da parceria entre empresas, investidores

CONCLUSÃO

e instituições de ensino. E tantas outras, de Campinas a Porto Alegre, de São José dos Campos a Florianópolis, passando pelo Centro-Oeste e pelo Norte.

Diversidade, ética e sustentabilidade são as chaves para o Capitalismo Consciente, que encontra na Nova Economia o lugar propício para avançar. Esses são pontos inegociáveis. As empresas são molas propulsoras de uma sociedade melhor ao não admitirem comportamentos que não falem com a dignidade, a justiça e a verdade. Trabalhando com transparência, estarão abertas para ouvir críticas e corrigir comportamentos. A Nova Economia sente-se representada quando David Vélez, Cristina Junqueira e Edward Wible, fundadores do Nubank, se desculpam publicamente pelos erros no tratamento da questão racial.[3] Errar e imediatamente evoluir leva à antifragilidade. O problema é se esconder e ficar imóvel. Os fundadores analisam: "ficamos acomodados com o progresso que tivemos nos nossos primeiros anos de vida, que se refletia em algumas estatísticas relativas à igualdade de gênero e LGBTQIA+, por exemplo, que, repetida, mascaravam a necessidade urgente de posicionamento ativo também na pauta antirracista". O Nubank anunciou ações concretas e ambiciosas de transformação. Não há problema em refletir e aprender.

A superação dos antigos valores vai se impor cada vez mais, englobando um número maior de empresas. Não é pouco. Em nossa história, já perdemos muitos bondes. Não desta vez. Podemos concretizar aquilo que o escritor austríaco Stefan Zweig vislumbrou em 1941 no livro *Brasil, país do futuro*.[4] Um futuro convertido em presente. Está mais do que na hora.

Este livro foi escrito para aqueles que estão decidindo seu destino. Ele fala de esperança. Não se entreguem aos conceitos antigos, ajudem-nos a criar o Novo Brasil, a Nova Economia brasileira.

POSFÁCIO

*O passado é uma roupa
que não nos serve mais.*

Na tipologia consagrada por Daron Acemoglu e James A. Robinson, em seu essencial *Por que as nações fracassam*,[1] os autores identificam dois conjuntos de instituições econômicas e políticas, a saber, "extrativistas" e "inclusivas", que parecem determinar o sucesso (e, portanto, também o fracasso) econômico das nações.

As primeiras dizem respeito a mecanismos econômicos – como regra amparados em mecanismos políticos – que permitem a um grupo restrito, mas com poderosos laços com o poder estabelecido, transferir para si parcela considerável da renda nacional, fomentando seu enriquecimento à custa do restante da sociedade. São muitos os engenhos: proteção contra a concorrência (internacional e local), subsídios, condições favorecidas de acesso a crédito, restrições regulatórias e tudo mais que a imaginação puder conceber. Alguns ficam de fato ricos, mas sociedades baseadas em instituições econômicas e políticas extrativistas têm dificuldade para manter o crescimento sustentado.

As segundas se referem a mecanismos que permitem a inovação econômica, capturada pela iluminada metáfora de Joseph Schumpeter: a destruição criativa. Novos produtos, novos processos produtivos e novos mercados enriquecem o empreendedor e, com ele, a sociedade, por meio do aumento sustentado de produtividade, mesmo que, ao longo do processo, o velho tenha de desaparecer para dar origem ao novo.

A **Nova Economia**, que você tem em mãos, é uma descrição vívida de uma transição que ameaça se impor no país – a das instituições extrativistas para as inclusivas.

Uma nova geração de empreendedores rejeita velhos vícios do capitalismo brasileiro (talvez latino-americano?): o apadrinhamento, os oligopólios,

NOVA ECONOMIA

os meandros do poder, a falta de transparência. Em seu lugar, busca a inovação, a produtividade, o sucesso por meios lícitos, os ambientes arejados de intervenção governamental, a construção de ecossistemas empresariais em que as redes permitam simultaneamente a competição e a cooperação.

O processo é alentador, e exemplos de sucesso não faltam – no varejo, no mercado financeiro, na saúde, e na mobilidade urbana, para ficarmos apenas em um punhado de frentes distintas. O desenvolvimento tecnológico reduz não só custos de comunicação, mas também, crucialmente, custos de informação. Consumidores e fornecedores, empregadores e colaboradores – que eram forçados a transacionar em ambientes circunscritos, onde a superação das dificuldades naturais de conhecimento acerca de seus parceiros de negócios era lenta e cara – podem agora lançar mão de ferramentas que permitem a superação rápida e pouco custosa das assimetrias informacionais.

Aos poucos deixamos de precisar da mão protetora do Estado nos dizendo se a motorista do carro que contratamos para nos levar a outro ponto da cidade é qualificada ou não para o trabalho. Redes de informação nos colocam em contato com profissionais devidamente avaliados por outros consumidores. Surgem mercados que certificam a correção de compradores e vendedores, de modo que um recém-chegado à praça possa atuar em qualquer das pontas, com investimento muito menor do que era antes necessário, seja para se estabelecer, seja para compreender as credenciais de participantes.

A economia do compartilhamento, um sonho impossível há pouco, ganha ares de realidade.

Nesta obra, Diego Barreto documentou várias instâncias desse processo. É um alento para quem, como eu, passou a vida à espera de algo similar, convivendo décadas com seu antípoda: uma economia fechada ao comércio exterior, extraordinariamente regulamentada, com uma estrutura tributária caótica e nada transparente e a mão pesada do governo (tanto pelos gastos como pela política de compras de suas empresas e pela orientação dos bancos oficiais).

Não foi por outro motivo que não apenas aceitei o convite para escrever este posfácio, mas também o fiz com evidente alegria. O otimismo do Diego é

POSFÁCIO

contagiante. Pode ser que finalmente escapemos da sina da Velha Economia. O novo já está entre nós e pede passagem como poucas vezes ocorreu na história deste país, como se pôde ver ao longo do livro.

Se tal mudança se consolidar – a idade me faz mais cauteloso – poderemos mudar o paradigma do Brasil. Chega de BNDES, isenções fiscais, regimes especiais, subsídios, visitas a Brasília, conversas na calada da noite, mensalões, petrolões e tudo o que nos atormentou nas últimas décadas. Uma Nova Economia – baseada na tecnologia, na competitividade e na expansão da produtividade – poderá, finalmente, inserir o Brasil na rota do crescimento sustentável e, mais que isso, inclusivo, sonho de mais de uma geração.

A transição da Velha para a Nova Economia não é o resultado de uma política. Felizmente, é o resultado de uma sociedade que parece ter se cansado do capitalismo de compadres, do jogo de cartas marcadas, que tende a beneficiar sempre os mesmos grandes grupos nacionais, próximos a presidentes, vice-presidentes, ministros, dirigentes de empresas estatais e outros membros do nosso vastíssimo aparato governamental.

Finalizo lembrando uma das obras-primas de Belchior, que nos acena com uma perspectiva curiosamente em forte oposição a que ele canta em uma de suas canções mais conhecidas. Ao invés de vivermos como nossos pais, saudemos o novo, pois precisamos todos rejuvenescer.

> Você não sente nem vê
> Mas eu não posso deixar de dizer, meu amigo
> Que uma nova mudança em breve vai acontecer
> O que há algum tempo era jovem e novo, hoje é antigo
> E precisamos todos rejuvenescer.

ALEXANDRE SCHWARTSMAN
Foi diretor de assuntos internacionais do Banco Central e economista chefe do BBA, ABN Amro e Santander. Graduou-se em Administração pela Fundação Getulio Vargas de São Paulo, possui mestrado em Economia pela USP e doutorado em Economia pela Universidade da Califórnia, em Berkeley.

NOTAS

PREFÁCIO

1. Adaptado de: TIGRE, Paulo. *Gestão da Inovação*. Rio de Janeiro: Campus, 2021.
2. PINKER, Steven. *O novo Iluminismo*: em defesa da razão, da ciência e do humanismo. São Paulo: Companhia das Letras, 2018.
3. LIFE expectancy. *Our World in Data*. Disponível em: https://ourworldindata.org/grapher/life-expectancy. Acesso em: 18 mar. 2021.
4. GLOBAL child mortality. *Our World in Data*. Disponível em: https://ourworldindata.org/grapher/global-child-mortality-timeseries?country=~OWID_WRL. Acesso em: 18 mar. 2021.
5. LITERATE and illiterate world population. *Our World in Data*. Disponível em: https://ourworldindata.org/grapher/literate-and-illiterate-world-population?country=~OWID_WRL. Acesso em: 18 mar. 2021.

INTRODUÇÃO

1. LAWSON, Jeff. In the Digital Economy, Your Software Is Your Competitive Advantage. *Harvard Business Review*, 19 jan. 2021. Disponível em: https://hbr.org/2021/01/in-the-digital-economy-your-software-is-your-competitive-advantage. Acesso em: 27 fev. 2021.
2. PINKER, Steven. *op. cit.*
3. PEREZ, Carlota. *Technological Revolutions and Financial Capital*: The Dynamics of Bubbles and Golden Ages. Cheltenham: Edward Elgar Publishing, 2003.
4. JOSEPHSON, Matthew. *The Robber Barons*: The Classic Account of the Influential Capitalists Who Transformed America's Future. Nova York: Mariner Books, 2015.
5. TEIXEIRA, Thales S. *Desvendando a cadeia de valor do cliente*. Rio de Janeiro: Alta Books, 2019.
6. GALLOWAY, Scott. The Great Grift. *No Mercy/ No Malice*, 15 jan. 2021. Disponível em: https://www.profgalloway.com/the-great-grift. Acesso em: 27 fev. 2021.
7. PEREZ, Carlota. *op. cit.* Ajustado pelo autor.

CAPÍTULO 1

1. FUNDO Monetário Internacional. *Globalization*: A Brief Overview. FMI, maio 2008. Disponível em: https://www.imf.org/external/np/exr/ib/2008/053008. htm#:~:text=It%20refers%20to%20the%20increasing,(technology)%20across%20international%20borders. Acesso em: 27 fev. 2021.
2. SPENCE, Michael. *The Next Convergence*: The Future of Economic Growth in a Multispeed World. Londres: Picador, 2012.
3. GURVITCH, Georges. *A vocação atual da sociologia*. São Paulo: Cosmos, 1968. 2 volumes.
4. MCLUHAN, Marshall. *The Gutenberg Galaxy*. Toronto: University of Toronto Press, 2011.
5. LEVITT, Theodore. *The Globalization of Markets*. Harvard Business Review, maio 1983. Disponível em: **https://hbr.org/1983/05/the-globalization-of-markets**. Acesso em: 27 fev. 2021.
6. MHI Annual Industry Report, 2020. MHI e Deloitte.
7. TIME. Nova York, n. 22, vol. 121, 30 maio 1983. Disponível em: http://content.time.com/time/magazine/0,9263,7601830530,00.html. Acesso em: 27 fev. 2021.

CAPÍTULO 2

1. FAORO, Raymundo. *Os donos do poder*: formação do patronato político brasileiro. São Paulo: Biblioteca Azul, 2012.
2. CONSELHO Nacional de Justiça. Plataforma Justiça Aberta. Disponível em: https://www.cnj.jus.br/corregedoria/justica_aberta/?. Acesso em: 27 fev. 2021.
3. LAZZARINI, Sérgio. *Capitalismo de laços*: os donos do Brasil e suas conexões. São Paulo: Bei, 2018.
4. COUTINHO, Luciano Galvão. Marcos e desafios de uma política industrial contemporânea. *In*: CASTRO, Ana Célia (Org.). *Desenvolvimento em debate*. Rio de Janeiro: Editora Mauad, 2002. v. 2, p. 191-209.
5. THE WORLD BANK. *World Development Indicators*. Disponível em: https://datatopics.worldbank.org/world-development-indicators/. Acesso em: 18 fev. 2022.
6. THE WORLD BANK. *Doing Business 2020*. Disponível em: https://www.doingbusiness.org/en/doingbusiness. Acesso em: 27 fev. 2021.

7   WORLD Economic Forum. *The Global Competitiveness Report 2019*. Disponível em: http://www3.weforum.org/docs/WEF_TheGlobalCompetitivenessReport2019.pdf. Acesso em: 27 fev. 2021.

8   *WORLD Competitiveness Rankings 2020*. IMD. Disponível em: https://www.imd.org/centers/world-competitiveness-center/rankings/world-competitiveness/. Acesso em: 18 fev. 2022.

9   BRASIL é campeão em número de estatais entre economias mais desenvolvidas. *UOL*. Disponível em: https://economia.uol.com.br/noticias/estadao-conteudo/2018/11/03/brasil-e-campeao-em-numero-de-estatais-entre-economias-mais-desenvolvidas.htm. Acesso em: 5 mar. 2021.

CAPÍTULO 3

1   RAMO, Joshua Cooper. *The Seventh Sense*: Power, Fortune, and Survival in the Age of Networks. Nova York: Back Bay Books, 2018.

2   NOGUEIRA, Vanessa Silva; OLIVEIRA, Carlos Alberto Arruda de. Causa da mortalidade das startups brasileiras: como aumentar as chances de sobrevivência no mercado. Nova Lima, *DOM*: v. 9, n. 25, p. 26-33, nov./fev. 2014/2015. Disponível em: https://www.fdc.org.br/conhecimento/publicacoes/artigo-29767. Acesso em: 3 mar. 2021.

3   MCKINSEY Global Institute. *Whatever happened to the New Economy?*. San Francisco, nov. 2002. Disponível em: https://www.mckinsey.com/featured-insights/employment-and-growth/whatever-happened-to-the-new-economy. Acesso em: 3 mar. 2021.

4   FARRELL, Diana. The Real New Economy. *Harvard Business Review*, out. 2003. Disponível em: https://hbr.org/2003/10/the-real-new-economy. Acesso em: 3 mar. 2021.

5   DIAS, Yran; MARTINS, Heitor. O que aprendemos com o Vale do Silício. *In:* Mckinsey & Company, 8 out. 2016. Disponível em: https://www.mckinsey.com/br/our-insights/blog-made-in-brazil/o-que-aprendemos-com-o-vale-do-silicio. Acesso em: 3 mar. 2021.

6   TRABALHANDO sem chefes. *El País*. Disponível em: https://brasil.elpais.com/brasil/2016/02/11/economia/1455205572_422449.html?id_externo_rsoc=FB_CM&fbclid=IwAR1sHDOrEm0YUqVlpcmHa7a-sXxEj05bZLUb2ZgC8t77ErvVskTy_e_wZOQ. Acesso em: 5 mar. 2021.

CAPÍTULO 4

1. FOSTER, Richard; KAPLAN, Sarah. Creative Destruction: Why Companies That Are Built to Last Underperform the Market – and How to Successfully Transform Them, New York, NY: *McKinsey Quarterly 2001, Number 3*. Disponível em: https://www.mckinsey.com/business-functions/strategy-and-corporate-finance/our-insights/creative-destruction. Acesso em: 3 mar. 2021.
2. TALEB, Nassim Nicholas. *Antifrágil:* coisas que se beneficiam com o caos. Rio de Janeiro: Objetiva, 2020.
3. HASTINGS, Reed; MEYER, Erin. *A regra é não ter regras*: a Netflix e a cultura da reinvenção. Rio de Janeiro: Intrínseca, 2020.
4. YOUNG, Michael. *The Rise of Meritocracy*. Abingdon: Routledge, 2017.
5. WORLD Economic Forum. *The Global Social Mobility Report: 2020* Equality, Opportunity and a New Economic. Jan. 2020. Disponível em: http://www3.weforum.org/docs/Global_Social_Mobility_Report.pdf. Acesso em: 3 mar. 2020.
6. SANDEL, Michael S. *A tirania do mérito*: o que aconteceu com o bem comum? Rio de Janeiro: Civilização Brasileira, 2020.
7. HESS, Edward D. The Power of an Idea Meritocracy. *In*: UVA Darden, 26 abr. 2018. Disponível em: https://ideas.darden.virginia.edu/the-power-of-an-idea-meritocracy. Acesso em: 3 mar. 2021.
8. DALIO, Ray. *Princípios*. Rio de Janeiro: Intrínseca, 2018.
9. DELONG, David; MARCUS, Sara. Imagine a Hiring Process Without Resumes. *Harvard Business Review*, 15 jan. 2021. Disponível em: https://hbr.org/2021/01/imagine-a-hiring-process-without-resumes. Acesso em: 3 mar. 2021.
10. PINHEIRO, Ana Carolina. Por que o trainee do Magazine Luiza para negros incomodou tanto? *Claudia*, 22 set. 2020. Disponível em: https://claudia.abril.com.br/carreira/magalu-trainee-negros/. Acesso em: 3 mar. 2021.
11. GRADUAÇÃO. *In: FGV Direito SP*, [S. d.]. Disponível em: https://direitosp.fgv.br/perguntas-frequentes/GRA#:~:text=O%20Exame%20Oral%20ser%C3%A1%20realizado,%2C%20no%20m%C3%A1ximo%2C%2010%20minutos. Acesso em: 3 mar. 2021.
12. COOMBE, Duncan; GOLDSWORTHY, Susan; KOHLRIESER, George. *Care to Dare*: Unleashing Astonishing Potential through Secure Base Leadership. San Francisco: Jossey-Bass, 2012.

NOVA ECONOMIA

CAPÍTULO 5

1. ANTHONY, Scott D. Kodak's Downfall Wasn't About Technology. *Harvard Business Review,* 15 jun. 2016. Disponível em: https://hbr.org/2016/07/kodaks-downfall-wasnt-about-technology. Acesso em: 3 mar. 2021.
2. GRIFFIN, Tren. *A Dozen Lessons for Entrepeneurs.* Nova York: Columbia Business School Publishing, 2017.
3. GUISSONI, Leandro; VELUDO-DE-OLIVEIRA, Tania M.; TEIXEIRA, Thales. Digital Transformation at Brazilian Retailer Magazine Luiza. *Harvard Business School Case Collection,* ago. 2018. Disponível em: https://www.hbs.edu/faculty/Pages/item.aspx?num=54842. Acesso em: 3 mar. 2021.
4. TINTTI, Simone. Como surgiu e o que faz o lab de inovação do Magazine Luiza. São 110 pessoas à caça de disrupção. *Projeto Draft.* Disponível em: https://www.projetodraft.com/como-surgiu-e-o-que-faz-o-lab-de-inovacao-do-magazine-luiza-sao-110-pessoas-trabalhando/#:~:text=O%20projeto%20do%20Luiza%20Labs,Luiza%2C%20ganhou%20um%20espa%C3%A7o%20pr%C3%B3prio. Acesso em: 3 mar. 2021.
5. RETHANS, John. 5 Lessons in Digital Transformation From Brazil's Retail Giant – Magalu. *Forbes,* 6 nov. 2019. Acesso em: https://www.forbes.com/sites/googlecloud/2019/11/06/5-lessons-in-digital-transformation-from-brazil-s-retail-giantmagalu/?sh=7545850453f5. Acesso em: 3 mar. 2021.
6. DASA lança laboratório de inteligência artificial para aprimorar o diagnóstico por imagem. *In: Startupi.* Disponível em: https://startupi.com.br/2018/09/dasa-lanca-laboratorio-de-inteligencia-artificial-para-aprimorar-o-diagnostico-por-imagem/. Acesso em: 4 mar. 2021.
7. INTELIGÊNCIA artificial está tornando os diagnósticos mais rápidos e precisos. *Estadão,* 3 set. 2019. Disponível em: http://patrocinados.estadao.com.br/dasa/inteligencia-artificial-esta-tornando-os-diagnosticos-mais-rapidos-e-precisos/. Acesso em: 4 mar. 2021.
8. SAMOR, Geraldo. Breaking: Família Bueno funde Dasa e Ímpar, criando gigante da saúde. *Brazil Journal,* 7 nov. 2019. Disponível em: https://braziljournal.com/breaking-familia-bueno-funde-dasa-e-impar-criando-gigante-da-saude. Acesso em: 4 mar. 2021.
9. MONTEIRO, João. A transformação digital dos laboratórios Dasa. *IPNews,* 30 ago. 2017. Disponível em: https://ipnews.com.br/transformacao-digital-dos-laboratorios-dasa/#:~:text=Em%20agosto%20de%202016%2C%20a,o%20

processo%20de%20transforma%C3%A7%C3%A3o%20digital.&text=A-trav%C3%A9s%20de%20pesquisas%20in%20loco,um%20servi%C3%A7o%20digital%20de%20agendamento. Acesso em: 4 mar. 2021.

10   MEDICINA em tempos de transformação digital. *Clientesa*, 27 jun. 2019. Disponível em: https://www.clientesa.com.br/gestao/68864/medicina-em-tempos-de-transformacao-digital. Acesso em: 4 mar. 2021.

11   LIKE A BOSS: Fabien Mendez, CEO da Loggi. Um unicórnio resolvendo o entrave logístico brasileiro. [Locução de]: Paulo Silveira e Rodrigo Dantas. [*S. l.*]: Like a Boss, 9 abr. 2020. *Podcast*. Disponível em: https://www.likeaboss.com.br/episodios/fabien-mendez-ceo-da-loggi/. Acesso em: 4 mar. 2021.

12   LIKE A BOSS: Daniella Mello, CEO da Cheftime. O resgate do prazer em cozinhar em casa. [Locução de]: Paulo Silveira e Rodrigo Dantas. [*S. l.*]: Like a Boss, 2 out. 2019. *Podcast*. Disponível em: *https://www.likeaboss.com.br/episodios/daniella-mello-ceo-da-cheftime/*. Acesso em: 4 mar. 2021.

13   LIKE A BOSS: Dominique Oliver, CEO da Amaro. O futuro do varejo e uma nova jornada do cliente. [Locução de]: Paulo Silveira e Rodrigo Dantas. [*S. l.*]: Like a Boss, 19 mar. 2020. *Podcast*. Disponível em: https://www.likeaboss.com.br/episodios/dominique-oliver-ceo-da-amaro/. Acesso em: 4 mar. 2021.

14   LIKE A BOSS: Clóvis Souza, CEO da Giuliana Flores. O florista da web. [Locução de]: Paulo Silveira e Rodrigo Dantas. [*S. l.*]: Like a Boss, 4 abr. 2019. *Podcast*. Disponível em: https://www.likeaboss.com.br/episodios/clovis-souza-ceo-da-giuliana-flores-o-florista-da-web/. Acesso em: 4 mar. 2021.

15   LIKE A BOSS: Fernando Prado, CEO da ClickBus. Conectando pessoas e destinos. [Locução de]: Paulo Silveira e Rodrigo Dantas. [*S. l.*]: Like a Boss, 17 out. 2019. *Podcast*. Disponível em: https://www.likeaboss.com.br/episodios/fernando-prado-ceo-da-clickbus/. Acesso em: 4 mar. 2021.

CAPÍTULO 6

1   JOSEPHSON, Matthew. *op. cit.*

2   GENNARI, Adilson Marques. Globalização, neoliberalismo e abertura econômica no Brasil nos anos 90. *Pesquisa & Debate*, v. 13, n. 1, p. 35-40, 2001. Disponível em: https://www.ufjf.br/pur/files/2011/04/Globaliza%C3%A7%C3%A3o-e-neoliberalismo-abertura-econ%C3%B4mica-no-Brasil-anos-90.pdf. Acesso em: 5 mar. 2021.

3   HILGEMBERG, C.M.A.T. *Efeitos da abertura comercial e das mudanças*

estruturais sobre o emprego na economia brasileira: uma análise para a década de 1990. Tese apresentada à Escola Superior de Agricultura "Luiz de Queiroz", Universidade de São Paulo, para obtenção do título de Doutor em Ciências, 2003.

4   UNDERSTANDING Impact Investing for families. *The Impact*. Disponível em: https://uploads-ssl.webflow.com/5e70effbd74618efba99a8ed/5e99e1bb0095a849fc18c075_TheImPact-UnderstandingImpactInvestingforFamilies.pdf. Acesso em: 25 mar. 2021. p. 6.

CAPÍTULO 7

1   HURUN. *Global Unicorn Index 2021*. Disponível em: https://www.hurun.net/en-US/Info/Detail?num=R18H7AJUWBIX. Acesso em: 18 fev. 2022.

2   Há uma lacuna grande no Brasil. Quem entrar e investir vai capturar valor. *IstoÉ Dinheiro*. Disponível em: https://www.istoedinheiro.com.br/ha-uma-lacuna-grande-no-brasil-quem-entrar-e-investir-vai-capturar-valor/. Acesso em: 5 mar. 2021.

3   DISTRITO. *Relatório sobre o mercado de inovação em 2021*. Disponível em https://materiais.distrito.me/mr/retrospectiva. Acesso em: 18 fev. 2022

4   GLOBALDATA. Disponível em: https://www.hurun.net/en-US/Info/Detail?num=R18H7AJUWBIX. Acesso em: 18 fev. 2022.

5   BLOMBERG. *Sequoia Ramps Up Focus on LatAm Startups After Successful Bets*. Disponível em: https://www.bloomberg.com/news/articles/2021-09-09/sequoia-ramps-up-focus-on-latam-startups-after-successful-bets. Acesso em: 14 mar. 2021.

6   ATLÂNTICO. *Transformação digital na América Latina 2020*. Disponível em: https://www.atlantico.vc/latin-america-digital-transformation-report. Acesso em: 3 mar. 2021.

7   ÂMAGO Capital. *Carta #1: sequenciando nosso DNA*. 2018. Disponível em: https://amagocapital.com.br/wp-content/uploads/2018/11/Carta-Amago-1.pdf. Acesso em: 3 mar. 2021.

8   DYNAMO Administradora de Recursos. *Carta Dynamo 106 - Reflexões sobre a Transformação Digital*. 23 nov. 2020. Disponível em: https://www.dynamo.com.br/uploads/36660c98f845fe5c64f1f9c817208fcbb4e8f002.pdf. Acesso em: 3 mar. 2021.

9   Adaptado de: CITI, *Brazil Tech Update*. Fevereiro, 2019.

10   Adaptado de: CITI, *Brazil Tech Update*. Fevereiro, 2019

NOTAS

11   DISTRITO *Retailtech Report 2020*. Distrito. Disponível em: https://distrito.me/retailtech. Acesso em: 18 fev. 2022.

12   ATLÂNTICO. *op. cit.*

13   IBGE. Pesquisa Nacional por Amostra de Domicílios Contínua – PNAD Contínua. 1º trimestre de 2019. Disponível em: https://agenciadenoticias.ibge.gov.br/media/com_mediaibge/arquivos/8ff41004968ad36306430c82eece3173.pdf. Acesso em: 4 mar. 2021.

14   WE Are Social; HOOTSUIT. *DIGITAL 2021*. Disponível em: https://wearesocial.com/uk/blog/2021/01/digital-2021-uk. Acesso em: 18 fev. 2022.

15   MEIRELLES, Fernando de Souza. *32ª Pesquisa Anual do Uso de TI*. Escola de Administração de Empresas da Fundação Getulio Vargas, jun. 2020. Disponível em: https://eaesp.fgv.br/producao-intelectual/pesquisa-anual-uso-ti. Acesso em 18 fev. 2022.

16   Índice MCC-ENET, desenvolvido pelo Comitê de Métricas da Câmara Brasileira da Economia Digital (camara-e.net) em parceria com o Neotrust | Movimento Compre & Confie.

17   ASSOCIAÇÃO Nacional de Entidades Promotoras de Empreendimentos Inovadores (Anprotec). *Mapeamento dos mecanismos de geração de Empreendimentos Inovadores no Brasil*. Brasília: Anprotec, 2019. Disponível em: http://news.bizmeet.com.br/wp-content/uploads/2019/08/Mapeamento_dos_Mecanismos_de_Geracao_de_Empreendedores_Inovadores_no_Brasil.pdf. Acesso em: 4 mar. 2021.

18   NOGUEIRA, Vanessa Silva; OLIVEIRA, Carlos Alberto Arruda de. *op. cit.*

19   MARKOWITZ, Harry. *Portfolio Selection: Efficient Diversification of Investments*. Londres: Yale University Press, 2013.

20   ASSOCIAÇÃO Brasileira de Startups (ABStartups). *Mapeamento de comunidades*, edição 2020. Disponível em: https://abstartups.com.br/mapeamento-de-comunidades/. Acesso em: 4 mar. 2021.

21   TRAVIS Bryant. Partner, Founder Experience. *In: Redpoint*. Disponível em: https://www.redpoint.com/our-people/travis-bryant/. Acesso em: 4 mar. 2021.

22   *MANIFESTO*. In: Monashees [*S. l. e S. d.*]. Disponível em: https://monashees.com.br/pt-br/manifesto/. Acesso em: 4 mar. 2021.

23   DRUCKER, Peter F. The Discipline of Innovation. In: *HBR's 10 Must Reads on Innovation*. Brighton: Harvard Business Review, 2013.

CAPÍTULO 8

1. CONFEDERAÇÃO Nacional da Indústria (CNI). *Competitividade Brasil 2019-2020*. Brasília: CNI, 2020. Disponível em: https://www.portaldaindustria.com.br/estatisticas/competitividade-brasil-comparacao-com-paises-selecionados/. Acesso em: 4 mar. 2021.
2. LOUCKS, Jeff *et al. Digital Vortex*: How Today's Market Leaders Can Beat Disruptive Competitors at Their Own Game. Lausanne: DBT Center Press, 2016.
3. OPEN Banking tira até R$110 bilhões dos bancos. *Valor*. Disponível em: https://valor.globo.com/financas/noticia/2021/01/20/open-banking-tira-ate-r-110-bi-dos-bancos.ghtml. Acesso em: 25 mar. 2021.

CAPÍTULO 9

1. FRIEDMAN, Milton. A Friedman Doctrine – The Social Responsibility of Business Is to Increase Its Profits. *The New York Times*, 13 set. 1970. Disponível em: https://www.nytimes.com/1970/09/13/archives/a-friedman-doctrine-the-social-responsibility-of-business-is-to.html. Acesso em: 18 fev. 2022.
2. SISODIA, Raj; WOLFE, David B.; SHETH, Jag. *Empresas humanizadas*. Rio de Janeiro: Alta Books, 2019.
3. SISODIA, Raj; MACKEY, John. *Capitalismo consciente:* como libertar o espírito heroico dos negócios. Rio de Janeiro: Alta Books, 2018.
4. BAER, Drake. Mark Zuckerberg explains why Facebook doesn't 'move fast and break things' anymore. *Business Insider*. Disponível em: https://www.businessinsider.com/mark-zuckerberg-on-facebooks-new-motto-2014-5. Acesso em: 5 mar. 2021.

CAPÍTULO 10

1. INSTITUTO Brasileiro de Geografia e Estatística (IBGE.). *Desigualdades sociais por cor ou raça no Brasil*. Rio de Janeiro, 2019. Disponível em: https://www.ibge.gov.br/estatisticas/sociais/populacao/25844-desigualdades-sociais-por-cor-ou-raca.html. Acesso em: 4 mar. 2021.
2. MACHADO, Cecilia; PINHO NETO, Valdemar Rodrigues de. *The Labor Market Consequences of Maternity Leave Policies*: Evidence from Brazil. São Paulo: Fundação Getulio Vargas, 2016. Disponível em: http://hdl.handle.net/10438/17859. Acesso em: 4 mar. 2021.

3   PERFIL social, racial e de gênero das 500 maiores empresas do Brasil e suas ações afirmativas. Instituto Ethos e Banco Interamericano de Desenvolvimento (BID). São Paulo: maio 2016. Disponível em: https://www.ethos.org.br/wp-content/uploads/2016/05/Perfil_Social_Tacial_Genero_500empresas.pdf. Acesso em: 4 mar. 2021.

4   GLOBAL Gender Gap Report 2020. World Economic Forum. Cologny/Geneva, 2019. Disponível em: https://www.weforum.org/reports/gender-gap-2020-report-100-years-pay-equality. Acesso em: 4 mar. 2021.

5   QUEM coda BR. ThoughtWorks. São Paulo: 2017. Disponível em: https://www.thoughtworks.com/pt/enegrecer/quemcodaobrasil. Acesso em: 4 mar. 2021.

6   POR que faltam mulheres no campo da tecnologia?: e o que queremos fazer para mudar isso. In: PrograMaria. Disponível em: https://www.programaria.org/sobre-nos/. Acesso em: 4 mar. 2021.

7   DIXON-FYLE, Sundiatu et al. A diversidade como alavanca de performance. McKinsey & Company. São Paulo: 18 jan. 2018. Disponível em: https://www.mckinsey.com/business-functions/organization/our-insights/delivering-through-diversity/pt-br. Acesso em: 4 mar. 2021.

8   REVELO lança aceleradora de carreira que aumenta chance contratação. Estado de Minas, 4 set. 2020. Disponível em: https://www.em.com.br/app/noticia/emprego/2020/09/04/interna_emprego,1182493/revelo-lanca-aceleradora-que-aumenta-chances-de-contratacao.shtml. Acesso em: 4 mar. 2021.

CAPÍTULO 11

1   DYNAMO Administradora de Recursos. op. cit.

2   PODER Entrevista: Marcelo Abritta, fundador e CEO da Buser. [S. l.; s. n.], 2020. 1 vídeo (41 min). Publicado pelo canal Poder360. Disponível em: https://youtu.be/McyjREgiAUc. Acesso em: 4 mar. 2021.

3   TOLEDO, Letícia. MadeiraMadeira: a startup que nasceu de uma empresa falida e se transformou em um e-commerce milionário. InfoMoney. Disponível em: https://www.infomoney.com.br/negocios/madeiramadeira-a-startup-que-nasceu-de-uma-empresa-falida-e-se-transformou-em-um-e-commerce-milionario/. Acesso em: 8 mar. 2021.

4   EMPRESAS sem propósito não têm futuro, diz criador da Conta Azul. Revista PEGN. Disponível em: https://revistapegn.globo.com/Empreendedorismo/noticia/2016/06/empresas-sem-proposito-nao-tem-futuro-diz-criador-da-contaazul.html. Acesso em: 8 mar. 2021

5   CEO da RD Station: venda à Totvs mostra que sucesso na tecnologia vai além das empresas "pops", como Facebook. *InfoMoney*. Disponível em: https://www.infomoney.com.br/mercados/ceo-da-rd-station-venda-a-totvs-mostra-que-sucesso-na-tecnologia-vai-alem-das-empresas-pops-como-facebook/. Acesso em: 18 mar. 2021.

CAPÍTULO 12

1   FRANCO, Gustavo. Ideias para um programa econômico (notas preliminares). *Revisto*, 18 nov. 2017. Disponível em: https://static.poder360.com.br/2017/11/programa-ideias-preliminares.pdf. Acesso em: 4 mar. 2021.
2   TESLA, de Elon Musk, libera suas patentes. *Época Negócios*. Disponível em: https://epocanegocios.globo.com/Informacao/Acao/noticia/2014/06/tesla-de-elon-musk-libera-suas-patentes.html. Acesso em: 5 mar. 2021.
3   VIDA total Michelin. *Corporativo Michelin*. Disponível em: https://corporativo.michelin.com.br/vida-total-michelin/. Acesso em: 25 mar. 2021.
4   DYNAMO Administradora de Recursos. *op. cit.*

CONCLUSÃO

1   BRAZILLAB, Fundação Brava e CPI lançam diagnóstico da transformação digital do setor público brasileiro. *BrazilLAB*. Disponível em: https://brazillab.org.br/noticias/brazillab-fundacao-brava-e-center-for-public-impact-lancam-diagnostico-da-transformacao-digital-do-setor-publico-brasileiro. Acesso em: 25 mar. 2021.
2   LEVINE, Steve. Will the 2020s Really Become the Next Roaring Twenties? *In: Marker Medium*, 17 jan. 2020. Disponível em: https://marker.medium.com/will-the-2020s-really-become-the-next-roaring-twenties-5a05ce995499. Acesso em: 4 mar. 2021.
3   NOSSO compromisso com a diversidade reacional no Nubank. *In: Blog do Nubank*, 12 nov. 2020. Disponível em: https://blog.nubank.com.br/carta-diversidade-racial-nubank/. Acesso em: 4 mar. 2021.
4   ZWEIG, Stefahn. *Brasil, país do futuro*. Rio de Janeiro: Nova Fronteira, 1981.

POSFÁCIO

1   ACEMOGLU, Daron; ROBINSON, James. *Por que as nações fracassam*: as origens do poder, da prosperidade e da pobreza. Rio de Janeiro: Alta Books, 2012.

INDICAÇÕES DE LEITURA

BARTUNEK, Florian; MOREAU, Pierre; NAPOLITANO, Giuliana (Org.). *Fora da curva*: os segredos dos grandes investidores do Brasil – e o que você pode aprender com eles. São Paulo: Portfolio Penguin, 2016.

_____. *Fora da curva 2*: mais investidores incríveis revelam seus segredos – e você pode aprender com eles. São Paulo: Portfolio Penguin, 2020.

_____. *Fora da curva 3:* unicórnios e statups de sucesso. São Paulo: Portfolio Penguin, 2021.

BERGAMASCO, Daniel. *Da ideia ao bilhão:* estratégias, conflitos e aprendizados das primeiras startups unicórnio do Brasil. São Paulo: Portfolio Penguin, 2019.

COOMBE, Duncan; GOLDSWORTHY, Susan; KOHLRIESER, George. *Care to Dare*: Unleashing Astonishing Potential through Secure Base Leadership. San Francisco: Jossey-Bass, 2012.

DALIO, Ray. *Princípios*. Rio de Janeiro: Intrínseca, 2018.

FAORO, Raymundo. *Os donos do poder*: formação do patronato político brasileiro. São Paulo: Biblioteca Azul, 2012.

FILGUEIRAS, Maria Luíza. *Na raça:* como Guilherme Benchimol criou a XP e iniciou a maior revolução do mercado financeiro brasileiro. Rio de Janeiro: Intrínseca, 2019.

HASTINGS, Reed; MEYER, Erin. *A regra é não ter regras*: a Netflix e a cultura da reinvenção. Rio de Janeiro: Intrínseca, 2020.

HOEKMAN, Bernard; PRIMO, Carlos A. *Future of the Global Trade Order*. Florença: European University Institute, 2016.

HOFFMAN, Reid; YEN, Chris. *Blitzscaling*: o caminho mais rápido para construir negócios extremamente valiosos. Rio de Janeiro: Alta Books, 2019.

ISMAIL, Salim; MALONE, Michael S.; VAN GEEST, Yuri. *Organizações exponenciais:* por que elas são 10 vezes melhores, mais rápidas e mais baratas que a sua (e o que fazer a respeito). Rio de Janeiro: Alta Books, 2019.

JOSEPHSON, Matthew. *The Robber Barons*: The Classic Account of the Influential Capitalists Who Transformed America's Future. Nova York: Mariner Books, 2015.

LAZZARINI, Sérgio. *Capitalismo de laços*: os donos do Brasil e suas conexões. São Paulo: Beï, 2018.

LOUCKS, Jeff et al. *Digital Vortex*: How Today's Market Leaders Can Beat Disruptive Competitors at Their Own Game. Lausanne: DBT Center Press, 2016.

MCCOURT, David. *Total Rethink*: Why Entrepreneurs Should Act Like Revolutionaries. Nova York: Wiley, 2019.

MENAI, Tania; VERAS, Paulo. *Unicórnio verde-amarelo*: como a 99 se tornou uma start-up de um bilhão de dólares. São Paulo: Portfolio-Penguin, 2020.

PARKER, Geoffrey G.; VAN ALSTYNE, Marshall W.; CHOUDARY, Sangeet Paul. *Platform Revolution*. Nova York: W. W. Norton & Company, 2016.

PERELMUTTER, Guy. *Futuro presente:* o mundo movido à tecnologia. São Paulo: Companhia Editora Nacional, 2020.

PEREZ, Carlota. *Technological Revolutions and Financial Capital*: The Dynamics of Bubbles and Golden Ages. Cheltenham: Edward Elgar Publishing, 2003.

PINKER, Steven. *O novo Iluminismo:* em defesa da razão, da ciência e do humanismo. São Paulo: Companhia das Letras, 2018.

RAMO, Joshua Cooper. *The Seventh Sense:* Power, Fortune, and Survival in the Age of Networks. Nova York: Back Bay Books, 2018.

SANDEL, Michael J. *A tirania do mérito*: o que aconteceu com o bem comum? Rio de Janeiro: Civilização Brasileira, 2020.

SIGGELKOW, Nicolaj; TERWIESCH, Christian. *Estratégia conectada:* como construir relacionamentos contínuos com clientes e alcançar vantagem competitiva. São Paulo: Benvirá, 2020.

SPENCE, Michael. *The Next Convergence*: The Future of Economic Growth in a Multispeed World. Londres: Picador, 2012.

TALEB, Nassim Nicholas. *Antifrágil*: coisas que se beneficiam com o caos. Rio de Janeiro: Objetiva, 2020.

TEIXEIRA, Thales S. *Desvendando a cadeia de valor do cliente*. Rio de Janeiro: Alta Books, 2019.

INDICAÇÕES DE LEITURA

YOUNG, Michael. *The Rise of Meritocracy*. Abingdon: Routledge, 2017.

YU, Howard. *Leap*: How to Thrive in a World Where Everything Can Be Copied. Nova York: PublicAffairs, 2018.

CARO LEITOR,

Queremos saber sua opinião sobre nossos livros.
Agora que você terminou sua leitura,
curta-nos no facebook.com/editoragentebr,
siga-nos no Twitter @EditoraGente, no Instagram @editoragente
e visite-nos no site www.editoragente.com.br.
Cadastre-se e contribua com sugestões, críticas ou elogios.

Este livro foi impresso
pela Edições Loyola,
em papel pólen bold 70 g
em agosto de 2022.